はじめに

アベノミクスが始まる約1年半前、円高が1ドル70円台まで進んだとき、「円は安全資産」とメディアは書き立てた。エコノミストのなかには「このままでは円は1ドル50円になる」とまで言う人がいた。

私が『資産フライト』（文春新書、２０１１）のなかでその実態を取材し、現金をカバンに詰めて国外に持ち出す人々の姿を描いたのはちょうどこのころである。

彼らは円高がこのまま進むとは信じていなかった。資産家も富裕層も、そして投資家たちも、誰もが「いずれ円安になる」と口をそろえていた。

あれから4年、実際にそうなった。円は約50％下落し、２０１４年暮れには1ドル１２０円台になった。そして２０１５年になって、円安はほぼ定着した。

なぜ彼らは円安を予想できたのだろうか？

それは、日本経済が確実に衰退していくと、彼らが確信していたからだ。人口は減り、高齢化が進み、政府債務は毎年確実に増えていく。その結果、将来の増税は確実である国の通貨が基軸通貨であるドルに対して、これ以上高くなるはずがない。そう彼らは考えていた。

そんな1人、30代のサラリーマンのAさんは、1ドル80円のとき、持っていた貯金200万円を全額ドルのキャッシュに替えた。彼は個人投資家ではないが、どうせこのまま銀行に預けていても増えない。それなら、友人のファンドマネージャーが円安になると言っているので、とりあえずドルにしておこうと、そうしただけだった。

こうしてAさんは2万5000ドル（ここでは両替手数料を考慮しない）を手にしたのだが、いまその2万5000ドルは円にすると300万円になっている。

そこで、Aさんはいま悩んでいる。「いまここで円に替えて、儲《もう》かった100万円でなにか買おうか？　それともこのまま持ち続けようか？」と……。

あなたなら、Aさんにどうアドバイスするだろうか？

私の答えは「まだずっと持っていたほうがいい」だ。なぜなら、もうかつてのような円高がやってくる可能性はほぼないからだ。円はこの先一時的に円高になることはあっても、長期的にはどんどん安くなっていく。もしかしたら、永久に円安が続いていく可能性すらある。

Aさんのような人は、金額の多寡はあれ、私の周囲にはたくさんいる。まして、資産フライトをして円を外貨に替えて預金した人たちの資産は、それがドルなら1・5倍に増えている。

『資産フライト』で取材した夫婦は、香港に行くたびにＨＳＢＣ（香港上海銀行）の自分の口座に1回約５００万〜１０００万円の現金を入れていた。それを口座内で香港ドルを経て米ドルに替えて預金していたから、この4年ほどでなにもしないで数千万円の円安差益を得た。

アベノミクスが始まってからも、Aさんと同じように円安差益を得た人は、私の周囲には多い。キャッシュでドルを持たなくとも、円預金を単に外貨預金に切り替えた人も、かなりの円安差益を得ている。また、外貨ではなく、日本株に投資した人も株高差益を得ていまホクホク顔だ。株価のほうは、民主党政権時代に比べたら、なんと倍以上に値上がりした。

だから、この面では、アベノミクスが私たちに恩恵をもたらしたのは間違いない。しかし、それはAさんのような一部の人間、資産家や富裕層、賢い投資家にかぎられる。ドルに替えるほどの多くの現金もなく、まして株投資など原資がなくてはできない人間にとって、アベノミクスの恩恵は別世界の話である。

しかし、それだからこそ思うのだが、なぜ、日本人のほとんどは、Aさんのような行動を取らず、預金を持っていても、それを銀行に預けたままにしておくのだろうか？　と……。

アベノミクスは、インフレ誘導を目的として始まり、お札をどんどん刷って市中に流し続けている。だから、目論見《もくろみ》どおり、本当にインフレになり、預金金利がインフレ率に追いつかなければ、預金は目減りする。

たとえば、2年前に200万円を1年ものの定期預金にしたとすると、利息は年0・025%の単利（メガバンクはほぼ同じ）だから、いま200万1000円にしかなっていない。ところが、アベノミクスが「デフレ脱却」でインフレ基調にしてしまったため、生活物価は上がった。その上昇を仮に1%（本当はもっと上がった）としたら、200万円は1年後には198万円の価値しかなくなる。2年後はさらに目減りするのだから、預金の意味がない。

そのうえに円安が進めば、ドルで見た場合、さらに預金は目減りする。こういうことを考えたら、本来なら、預金流出が起こっていいはずだ。しかし、今日までそれは起こっていない。

なぜなのだろうか？

本書は、この先、さらに円安が続く。場合によっては「永久円安」になることを前提にしている。

いったいなぜそんなことが言えるのか？

それは前記したように、日本経済が衰退を続けていくからである。通貨は国力とイコールと考えれば、当然、こうにしかならない。円安というのは「日本売り」。つまり、国家の信用低下である。

本当に残念だが、日本経済は成長プロセスをすべて終え、衰退局面に入ってから久しい。これは、2010年に人口がピークアウトしてからは、揺るぎようのない事実である。劇的なイノベーションによる生産性の向上でも起こらないかぎり、もはや日本は成長しない。

では、こんな時代、私たちはどうやって暮らしていけばいいのだろうか？　また、どうやって自分の資産を守っていけばいいのだろうか？

すでにこのテーマで、多くの人々が知恵を絞って行動を起こしている。もちろん、資産家、富裕層、賢い投資家はとっくに行動を起こし、いま、それが一般層にまで広がっている。「資産フライト」は、その1つの手段である。

とりあえず、アベノミクスが始まってからなにが起こってきたのかを分析し、資産家、富裕層、賢い投資家たちはなにをやっているのか？　この先、仕事や暮らしはどうなっていくのか？　を展望し、その後に、どうやって資産を守っていけばいいのかを考察する。

本書によって、現在の日本経済のリアルな姿を少しでもわかっていただければ幸いである。

2015年5月

筆　者

永久円安●頭のいい投資家の資産運用法——目次

第4章 これまでと違う「円安の正体」

第5章 ドルひとり勝ち、アメリカ1極支配

第6章　IT革命進展、仕事がなくなる未来

第7章 「永久円安」時代の資産防衛

第1章

止まらない円安、下落する株価

アベノミクスで起こった「株高・円安バブル」

アベノミクスが始まったのは、安倍晋三首相が誕生した2012年12月からである。アベノミクスの命名は、もちろん首相本人ではない。彼が好かない『朝日新聞』である。ただし、彼はこの言葉が気に入ったようで、その後、自ら積極的に使い出した。自分の名前を冠した政策を自ら連呼する首相は、これまで見たことがない。

アベノミクスと命名された政策は、きわめて単純だった。

デフレを克服するためにインフレターゲティング政策を実行する。その目標達成まで大胆な金融緩和を実施する。さらに、財政出動を行い、公共投資を増やして経済を刺激し、規制緩和による構造改革を進める。

この単純さのためか、それまでの民主党政権の無能さに嫌気が差していた市場と個人投資家、外国人が反応した。国民のマインドも変わった。

その結果、日経平均は少しずつ上がり始めた。2012年12月28日、大納会での株価は1万395円18銭。これは、東日本大震災後の最高値だった。そして丸2年以上が経過した2015年2月半ば、日経平均はついに1万8000円台に到達し、2000年代に入ってからの最高値を記録した。そして4月10日はとうとう一時的に2万円を突破した。民主党政権時代の底値は8000円台だったから、株価はじつに2倍以上になったことになる。

　この株価の上昇を支えたのが、2013年4月から始まった日本銀行の異次元緩和（黒田バズーカ砲）だった。市場にどんどん供給されるマネーを吸収して、株価は上がり続けたのである。

　その一方で、円安も進んだ。2011年10月には1ドル75円台まで進んだ円高は反転し、2014年12月には1ドル120円台を記録した。

　つまり、株高と円安。この2つがアベノミクスで大きく変わった点である。株価が上がるということは、その分、資産が増えたのだから、景気もよくなったと考えられる。また円安も、それまでは円高で輸出産業が苦しんできたのだから、これも景気をよくしたはずである。

　しかし、本当に日本の景気はよくなり、それで株価が上がったと言えるだろうか？

　じつはそうではない。日本の実体経済はアベノミクス以前より劣化し、株価も円安も日本経済の復活にはほとんど役立っていないのだ。

　こんなことは、賢い個人投資家、賢い市場関係者、海外の投資筋ならみな知っていることである。彼らはアベノミクスの株高を単なるバブルと見極めたうえで、それに乗って投資しているだけだ。だから、いつこのフェイクストーリーが崩れるのかを警戒し、常に資金をいつ引き上げようかと考えている。また、短期筋の個人投資家と海外マネーは、売買を繰り返しながら株高のうま味を享受してきた。

ドルで見ると日本の株価は上がっていない

ズバリ指摘してしまえば、アベノミクスで株価は上がっていない。それは錯覚である。また、経済成長もしていない。GDPもかえって減っている。日本の富は減り続け、地価も下がったうえ、個人資産も目減りしている。

なぜそんなことが言えるのか？

それは、すべての指標をドルで見ているからだ。投資家なら当然、こうしている。当たり前すぎて書くのもバカバカしいが、この世界で「おカネ」というのは、基軸通貨「ドル」（米ドル：USD）のことである。いくら国際通貨とはいえ、世界の決済に占める比率が数％にすぎない「円」（JPY）を「おカネ」と考える人はいない。

ドルとの交換比率が常に変動し、日本国のモノとサービスにしか交換できない通貨、それが円だ。これは、たとえば円をいくら積んでもサウジアラビアの石油は買えないが、ドルなら買えることですぐに理解できると思う。円は世界のほとんどの国で、その国のモノもサービスも買えない。

つまり、円資産がいくら額面で膨れ上がろうと、ドルに換算したときに上がっていなければ、

【図表1】ドル円為替レート（名目）の推移

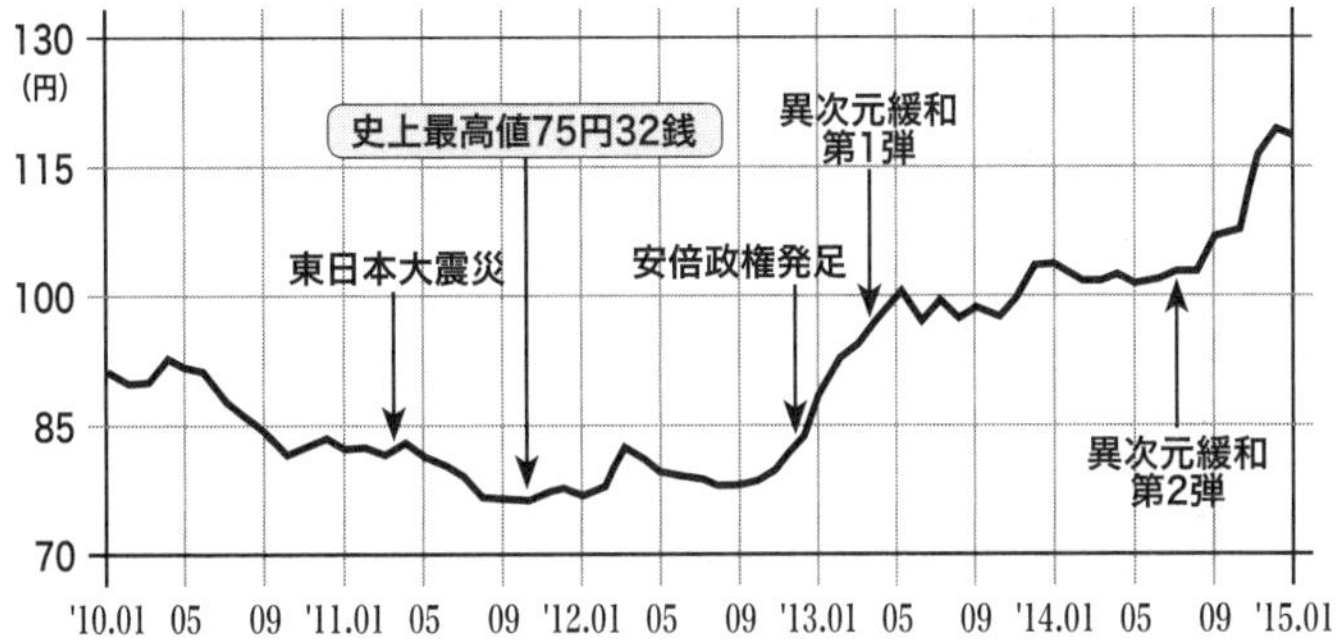

参照：Principal Global Indicators

それは「上がった」とは言えないのだ。

日本の株を買っているメインプレーヤーは、日銀や公的資金を除けば、海外の投資家たちである。メディアは単に「外国人」と書く。

この外国人は、ドルを円に替えて日本株を買い、それを売って受け取った円をドルに替えてリターン（プラスにしてもマイナスにしても）を確定する。つまり、ドルでプラスになっていなければ、「儲けた」とは言えない。

もちろん、株が上がろうと下がろうと、外国人は「儲け」を出せる。ひと口に「外国人」と呼んではいるが、大別すると、「ヘッジファンド」「インベストメント（投資）ファンド」「ペンション（年金）ファンド」「ミューチュアルファンド（投資信託）」の4つになる。このうちのヘッジファンドと投資ファンドが短期筋で、とくにヘッジファンドの場合は、ロング（買い持ち）とショート（売り持ち）の双方のポジションを取るケースが多いので、上がろうと下がろうと儲けは出せる。しかし、ほかの長期筋のファンドは、上がり相場でないとリターンを出せない。

次は、２０１０年1月から２０１５年1月までの5年間の「ドル円為替レート（名目）の推移」で、前ページの【図表1】はそれをグラフ化したものである。

２０１０年　87・78円（年平均）　91・16円（1月平均）
２０１１年　79・81円（年平均）　82・61円（1月平均）
２０１２年　79・79円（年平均）　76・98円（1月平均）
２０１３年　97・60円（年平均）　89・16円（1月平均）
２０１４年　１０５・94円（年平均）　１０３・94円（1月平均）
２０１５年　１１８・31円（1月平均）

これを見れば、円高のピークは２０１１年と２０１２年で、ピーク時からの2年余りで円はドルに対して約50％も下落したことがわかる。

つまり、日本円の価値は大幅に下がった（円安が進んだ）のだが、これを踏まえて、次の「日経平均株価の推移」を見てほしい。

［日経平均株価の推移］

２０１０年	１万０２２８円	81・54円	約１２５ドル
２０１１年	８４５５円	76・94円	約１１０ドル
２０１２年	１万０３９５円	86・01円	約１２１ドル
２０１３年	１万６２９１円	１０５・15円	約１５５ドル
２０１４年	１万７４５１円	１１９・46円	約１４６ドル

年度の次の数値は、各年の12月の大納会の日経平均株価の終値、その次はその日の円ドル為替レート、さらにその次はドルに換算した日経平均株価である。

見ればわかるように、アベノミクスが始まった２０１２年12月、日経平均は１万０３９５円だったが、丸２年後の２０１４年12月は１万７４５１円となり、株価はなんと約７０００円も上がった。しかし、ドル換算で見ると、２０１２年12月は約１２１ドルで２０１４年12月は約１４６ドルだから、わずか25ドル上がったにすぎない。

さらに、２０１４年の１年間だけを見ると、２０１３年の終値が１万６２９１円で２０１４年の終値が１万７４５１円だから株価は円では１１６０円上がっているが、ドルではなんと約

【図表２】ドル建て日経平均の推移
（円建て、為替、NYダウとの比較）2012～2015

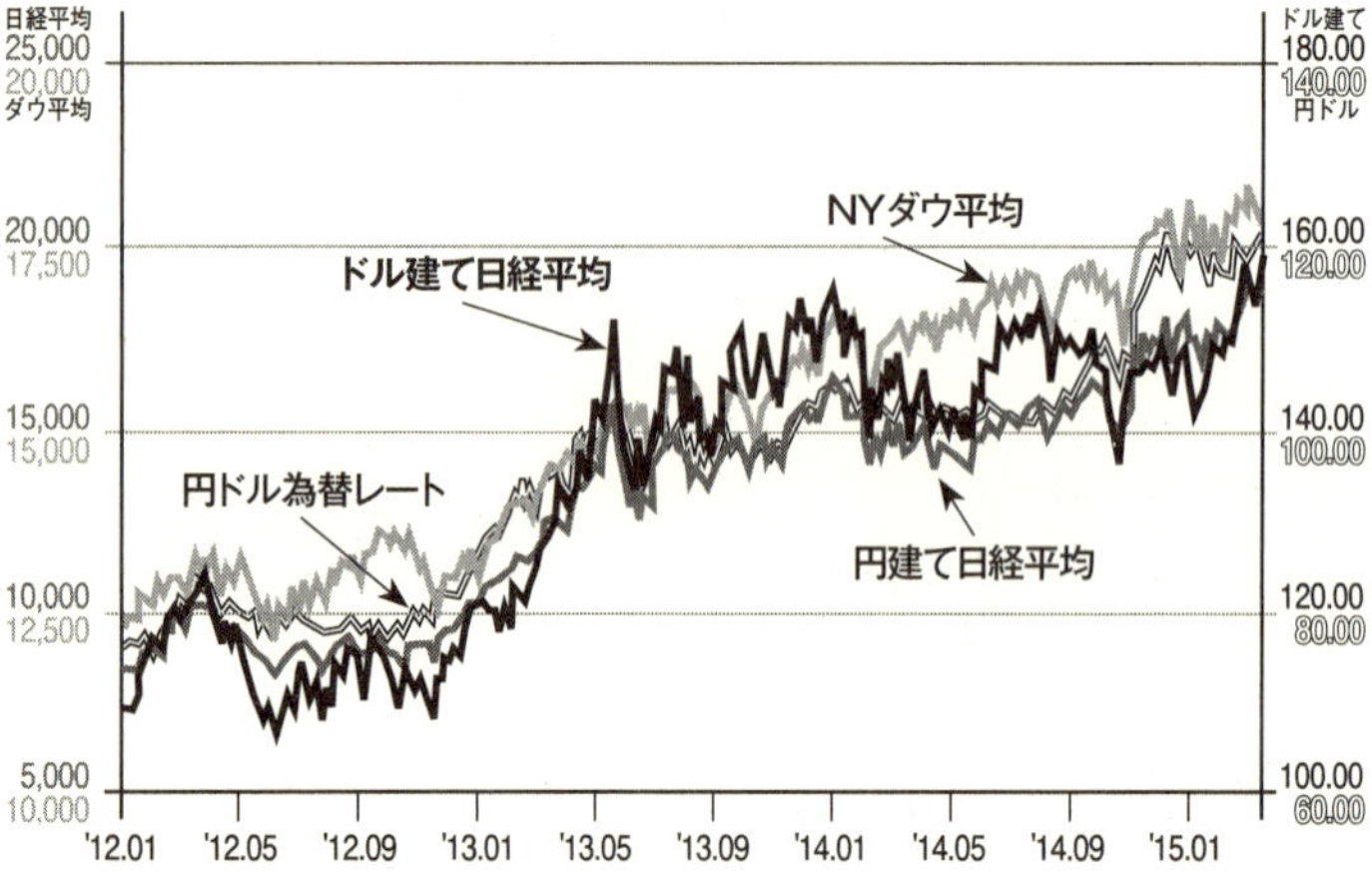

参照：nikkei225jp.com

9ドル下落している。

上の【図表２】は、円建て日経平均、ドル建て日経平均、円ドル為替レート、ＮＹダウ平均の４つの２０１２年１月～２０１５年１月の４年間分をグラフにしたものだ。

このグラフを見れば、ドル建てでは日経平均は２０１３年５月からほとんど上がっていないことがはっきりとわかる。円建てではじわじわと上げているというのに、その間、円安が進んだので、円での上げはほとんど帳消しになってしまったのである。

不思議なことに、円建て日経平均、ドル円為替レート、ＮＹダウの３つの線は、重なるように同じ動きで上がっている。しかし、ドル建ての日経平均だけがこの３つの線と乖離《かいり》した動きをしている。

これが日本を外から見たリアルな姿である。

アベノミクスで株価は上がり、それにともない日本経済は回復していくというストーリーは、ドルで見れば、少なくとも2014年はそうなっていなかった。だからもし、この傾向が続いて、ドル建ての日経平均がこれ以上上がらないとすれば、アベノミクスというのは、2013年前半の初期のアナウンス効果だけだったということになる。

円は為替変動の影響を受けやすい通貨

ここで、国際決済銀行（BIS）による「世界の外国為替取引額シェア」（2013年）を示しておきたい。

1、米ドル（USD : US dollar）　84・9%
2、ユーロ（EUR : Euro）　39・1%
3、日本円（JPY : Japanese yen）　19・0%
4、ポンド（GBP : Pound sterling）　12・9%
5、豪ドル（AUD : Australian dollar）　7・6%
6、スイスフラン（CHS : Swiss franc）　6・4%

7、カナダドル（CAD：Canadian dollar）　5・3％
8、香港ドル（HKD：Hong Kong dollar）　2・4％
9、スウェーデンクローネ（SEK：Swedish krone）　2・2％
10、ニュージーランドドル（NZD：New Zealand dollar）　1・6％

日本円は、なんとユーロに次ぐ第3位で19％ものシェアがある。これだけ見ると円はすごいとなるが、これはあくまで為替取引であって、貿易決済通貨としてのシェアではない。貿易決済通貨として円は、前記したように数％にすぎないので、その何倍もの為替取引のシェアがあるということは、円は為替変動の影響を受けやすい通貨ということになる。

では次に、日本の「貿易取引通貨別比率」を見てみたい。財務省発表の2014年上半期の「比率」は次のようになっている。

《日本からの輸出》
米ドル52・4％、円36・5％、ユーロ6・2％　オーストラリアドル1・1％、人民元0・7％、その他3・3％
《日本への輸入》

米ドル74・1%、円20・5%、ユーロ3・5%　人民元0・5%、スイスフラン0・4%、その他1・2%

日本からの輸出入でもやはり米ドルが中心で、とくに海外からモノ、サービスを輸入するには米ドルでないとほとんどできないことが、これでわかると思う。

ということは、食糧やエネルギーなどの生活の基本物資が円安になると値上がりし、庶民生活が苦しくなるのは自明である。だから、異次元の量的緩和というアベノミクスの金融政策は、一般国民の生活を苦しくし、しかも実質的には株の価値も損ねてしまうのである。

NY株価に比べて著しく劣る日経平均

では今度は、日本の株価をニューヨークの株価（NYダウ平均株価）と比較してみたい。次に示すのは、2010年から5年間の「NY株価」（各年の12月平均）と、先に示した「日経平均株価」の円値とドル換算値を並べて比較したものだ。

［NY株価と日経平均株価の推移比較］

2010年　NY：1万1577ドル　日経平均：1万0228円（約125ドル）

2011年　NY：1万2217ドル　日経平均：8455円（約110ドル）
2012年　NY：1万3104ドル　日経平均：1万0395円（約121ドル）
2013年　NY：1万6576ドル　日経平均：1万6291円（約155ドル）
2014年　NY：1万7823ドル　日経平均：1万7451円（約146ドル）

NY株価は、アベノミクスが始まった2012年から2014年にかけて4719ドル（上昇率36％）上がり、日経平均は7056円（上昇率67％）上がっている。日経平均のパフォーマンスは、NY株価のそれを上回っている。

しかし、日経平均はドル換算だと25ドル（上昇率20％）上がっただけだから、そのパフォーマンスはNY株価を大きく下回る。

しかも、前述したように2014年の1年間では下落している。2014年は、消費税の増税があったとはいえ、アベノミクスがいちばんアナウンスされた年である。安倍首相はことあるごとに、「アベノミクス」と言っていた。

それなのに株価は、ドルという〝価値の尺度〟から見れば、むしろ下がっているのだ。

普通、ドルに換算したリターンがマイナスになれば、外国人は日本市場での買いを控える。

事実、2014年になると、それまで買い越していた外国人は手控えるようになった。

２０１３年は年間で15兆１１９６億円に達し、２０１２年の2兆８２６４億円を大幅に上回った外国人の日本株購入は、２０１４年には1兆円に満たなかった。なんと、前年の10分の１以下だ。

しかし、これを埋めたのが、日銀と日本の公的資金である。まず、「ＧＰＩＦ」（年金積立金管理運用独立行政法人）が登場した。ＧＰＩＦは２０１４年の10月～12月の間に日本株を約1兆５０００億円買った。これは、彼らがポートフォリオの一部を債券から株にシフトさせたからだ。これに続いて、２０１５年からは、国家公務員、地方公務員、私学教員の３つの年金資金を運用する３つの共済組合も、運用資金を日本株にシフトするようになった。さらに、かんぽ生命とゆうちょ銀行がこれに続くようになった。のちにこれら公的資金は「５頭のクジラ」と呼ばれるようになった。

こうして日本の公的資金が大幅に株式市場に投下されるようになったので、それを見て外国人はまた日本株を買い増すようになった。これが、２０１５年2月～4月に起こった株価２万円超えの内実である。

東京証券取引所が発表している投資部門別売買動向によると、外国人は２０１５年の年初から2月20日までに1兆１１３８億円を売り越した。しかし、その後は買い越しに転じ、約1カ月間買い越しが続いたので、株式市場は「大相場」の様相を呈したのである。

外国人にとって、株価がいくら上がろうと円安が進めば、その上昇分は相殺される。それでも、長期投資を基本とするファンドの場合は、世界市場全体に投資する分散投資が基本だから日本株への投資は続ける。日本の株式市場は、現在のところまだ世界の株式市場で1割弱の比重を占めているからだ。そのため、長期筋のファンドは、市場比率に準じたポートフォリオを組み、ポートフォリオに日本株を組み込み続ける。その代表が、世界最大級のソヴリン・ウェルス・ファンド「ノルウェー政府年金基金」だ。ノルウェー政府年金基金は、2014年に日本株の割合を0・7ポイント上昇させた。

ただし、短期筋は違う。売るために買うのである。円相場が1ドル120円で踊り場になったなかで、日銀と公的資金が買い支えてくれるのだから、リスクはほとんどない。そう判断して、すでに手持ちの日本株が手薄になった短期筋は、「日本株の仕込み買い」を始めたのだ。つまり、2015年2月からの株の上昇は外国人主導だった。

前記したように、日経平均はどんなに上がろうと、長期的に見れば、NYダウにパフォーマンスで劣る。

これは、もう少し時間をさかのぼってみればはっきりする。たとえば2000年12月、日経平均は1万3785円だった。このときNY株価は1万0787ドルである。これが2014年12月には日経平均は1万7451円となり、NY株価は1万7823ドルとなった。当時から見ると、日経平均が約４０００円上がったのに対しＮＹ株価は約７０００ドル上がっている。途中にリーマンショックを挟んだとはいえ、長期的に見ればＮＹ株価のパフォーマンスのほうが圧倒的に日本株を上回っているのだ。

さらにさかのぼって、バブル経済崩壊前の１９８９年12月、日経平均は3万８９１５円の史上最高値をつけた。このとき、ＮＹ株価は２７５３ドルである。しかし、ＮＹ株価はその後の25年間で約7倍になった。ところが日本株はどうだろう。1万９０００円台になったと言っても、当時の半分にしかすぎない。いかに日本の株価が低迷してきたかがわかる。１９８９年12月の日経平均を当時の円ドルレート（1ドル約１３８円）で換算すると約２８２ドルになる。つまり、ドルで見ても、この25年間で、日本の株価は大幅に下落しているのだ。

これが「失われた20年」いや「失われた25年」であり、それはアベノミクスになっても継続中なのである。

預貯金も住宅資産の価値も大幅下落

日本の一般庶民の資産は株ではない。日本ほど株式投資をしている国民が少ない国はない。その数は、1割に満たないとされている。しかも、株式投資をしている人の年齢別割合を見ると、高齢層に大きく傾いている。したがって、株価が上がって潤うのは、この高齢層、とくに

【図表３】日米欧の家庭金融資産構成の比較（2014年）

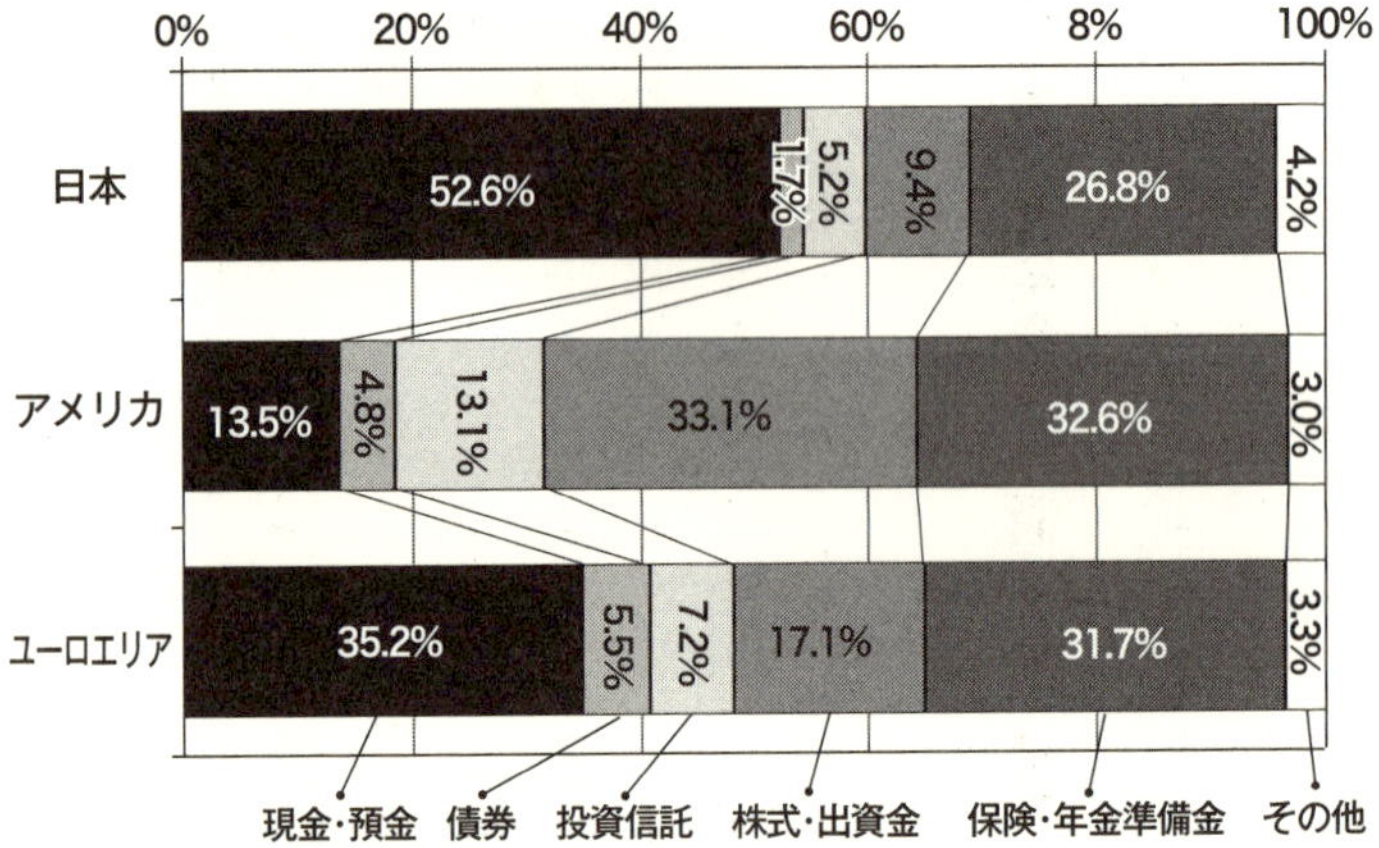

出典：日銀「資金循環の日米比較」

資産を株に投じている投資家や富裕層の人たちだけである。

ところが、アメリカの場合、国民の多くが株式、債券、投資信託などに投資し、年金も自分で投資して増やす「４０１ｋ」である。

上の【図表３】は、家庭が持つ金融資産の種類別構成比の日米欧比較である。日本が「現金・預金」で5割を超えている一方で、アメリカは「株式・出資金」や「投資信託」、さらには「債券」を大量に保有している。アメリカ人はリスクテイクに積極的で投資を重視する。しかし、日本人はリスクを回避することに重点を置き、お金はそのまま預貯金にしてしまう。

ちなみに、日本の家計金融資産の総額は約１６５４兆円で、アメリカが約66・8兆ドル。１ドル１２０円で換算してアメリカは約８０００

兆円だから、5倍もの差がある。

このように日米は国民のマインドも大きく違うし、金融システムも違っているのに、日本のメディアは一般庶民にほぼ関係ない株の動向を景気に結びつけて報道しすぎている。その結果、株を持たない庶民まで景気がいいと思い込む。

株高と日本の景気はこのようにあまり連動しない。しかし、円安はそうはいかない。株はもとより、あらゆる資産に及ぶ。

日本の庶民の資産のほとんどは現金か預貯金、あるいは土地資産である。これが、すべて円安で大幅に下落している。もちろん、私たちは国内で円を使っているかぎり、このことに気がつかない。しかし、一歩国外に出れば、この事実に慄然《りつぜん》とする。

しかも、インフレになれば、円そのものの実質的価値も下落する。アベノミクスはインフレターゲティングによって2％のインフレを達成することを目標にしてきた。そこで、この4年間の「消費者物価指数（CPI）」を見ると、アベノミクスになって少しだが上がっている。

次は、基準年の2010年を100とした場合の消費者物価指数の推移だ。

2011年　99・73
2012年　99・69

２０１３年　１００・04
２０１４年　１０２・70

２０１２年までは物価が下がるデフレだった。それが２０１３年には解消され、２０１４年になると消費税の増税もあったため、物価はアベノミクスが目標とした２％が達成された。ただし、後半から原油安でエネルギー価格の伸び率が下がったため、伸び率は抑制された。

それでも、物価が２％も上がれば、現金や預貯金は目減りする。いくら銀行にお金を預けてもまったく金利がつかないからだ。

メガバンクの普通預金金利は、ここ４年間ほぼ変わりなく、どこも０・02％で横並びである。金利０・02％というのは、１００万円を１年間預けても利息が２００円しかつかないということ。ＡＴＭでお金を下ろすと、１回およそ１００～２００円の手数料を取られるので、ＡＴＭを２回使えば　それだけで元本割れする。ここに物価上昇が加われば、どうなるだろうか？現金も預貯金も持っていれば持っているほどソンをするということになる。

それなのに、日本人はいまだに忍耐強く貯金をしている。なぜ、こんな不合理な行動をしているのだろうか？　これまでその理由をロジカルに、そして納得がいく説明をしてくれた人は一人もいない。正直、私もわからない。

現金だけではない、土地資産も大幅に減価している。

国土交通省は、２０１４年９月、２０１４年７月１日時点の基準地価を公表した。それによると、三大都市圏（東京、大阪、名古屋）の住宅地はリーマンショック前の２００８年以来６年ぶりに上昇に転換し、商業地も2年連続で上昇していたので、メディアはこれを大きく伝えた。しかし、この報道を仔細に読むと、地方では下落が止まっておらず、上昇といっても、三大都市圏の住宅地にかぎられ、その上昇率は前年比でたったの０・５％にすぎなかった。

そこでこの時点で、ドルベースで都市圏の住宅資産の価値を見れば、たとえば1億円の住宅資産は０・５％のアップで1億５００万円になったが、ドルでは大幅に減価している。

２０１２年７月、1ドルは79円だったので1億円は１２６万ドルだった。それが2年後、１ドルは１０２円になったので98万ドルになってしまった。その差は、なんと28万ドル。日本円に戻せば２８５６万円。ついこの前、1億円したものが７１４４万円の価値しかなくなってしまったのだ。

２０１４年４月、消費税増税を前にして、首都圏のマンションには大きな駆け込み需要が発生した。その反動で、それ以後、マンションの発売戸数も販売戸数も大きく落ち込んだ。そのうえに、ドルベースで資産価値の下落が重なっている。

つまり、いまや日本の住宅資産の価値は、じつはとんでもなく下落していることになる。２

015年現在、都内でマンション価格が上昇しているのは「3A」と呼ばれる「赤坂、青山、麻布」だけ、しかも高級マンションだけである。それ以外は軒並み下落だから、円安がさらに進めば東京の高級マンションは、海外富裕層（とくに中国人富裕層）にとってはバーゲンセールになるだろう。いや、もうすでにそうなっている。

GDPはなんと1兆ドルも減ってしまった

さて今度は、ドルベースで、日本のGDP（国内総生産）を見てみたい。GDPというと、たいていは成長率（年率何パーセント）で語られるが、それは前年に比べて伸びたかどうかという話にすぎない。本来は、総額の推移で見るべきである。

そこで次に、この3年間の日本の名目GDPの推移（2014年はIMFによる推計）を示すと、次のようになっている。

2012年　474兆4749億円
2013年　483兆1103億円
2014年　492兆3952億円

※数値は内閣府「2013年国民経済計算（支出側）」を使用。2014年はIMF

による推計値で計算。

少しずつだが、確実にGDPが増えているのがわかる。ただし、これは円での総額だ。そこで、これをドルベースにするとどうなるだろうか？

２０１２年　５兆９４６５億ドル
２０１３年　４兆９４９９億ドル
２０１４年　４兆６４７８億ドル
※ドル換算はドル円レートの各年度の平均値を使用。

なんと、アベノミクスが始まる前、円が1ドル70円台の円高だったときに約5兆９５００億ドルあった日本のGDPは、２０１４年には約4兆６５００億ドルと、約1兆３０００億ドルも吹き飛んでいる。日本の富は、ドルベースでは大幅に失われてしまったのである。つまり、アベノミクスで日本の経済衰退は加速してしまった。くどいかもしれないが、世界の統計はドル基準である。世界が日本を見るとき、それはドルという尺度で見る。

こうした日本経済の衰退、つまり「失われた25年」は、35年前までさかのぼって、GDPの推移を見るとよりはっきりする。以下、1980年から5年おきのドル ベースの名目GDPを列記してみる。

［日本の名目GDP］

1980年	1兆0870億ドル
1985年	1兆3845億ドル
1990年	3兆1037億ドル
1995年	5兆3339億ドル
2000年	4兆7312億ドル
2005年	4兆5719億ドル
2010年	5兆4954億ドル
2014年	4兆8463億ドル

日本経済は、1980年代までは確実に成長していた。そして1995年に1ドル90円台の円高が続いたときGDPは約5兆ドルとなり、そこをピークにほとんど増えていないばかりか、その後は減っている。

では、アメリカはどうだろうか？　１９９５年と２０１０年を比べると、次のようになる。

［アメリカのGDP］１９９５年　７兆４１４６億ドル→２０１０年　14兆５２６６億ドル

一目瞭然《いちもくりょうぜん》、約2倍になっている。では、ほかの国はどうだろうか？　主要国のドルベースの名目GDPを列記してみる。

［中　　国のGDP］１９９５年　　７５７０億ドル→２０１０年　５兆９５１４億ドル
［ド　イ　ツのGDP］１９９５年　２兆５２２６億ドル→２０１０年　３兆２７３８億ドル
［イギリスのGDP］１９９５年　１兆１５７２億ドル→２０１０年　２兆２６１７億ドル
［イタリアのGDP］１９９５年　１兆１２６１億ドル→２０１０年　２兆０５５６億ドル
［ブラジルのGDP］１９９５年　　７６９０億ドル→２０１０年　２兆１４３０億ドル

こうしてみると、中国のGDPの伸びは驚異的で、なんと15年で約8倍になり、２０１０年に日本を抜いて世界第2位になっている。ブラジルも驚異的である。ただし、これら新興国を例外として、先進国ですら少なくとも1・5〜2倍の成長を遂げている。あのイタリアですら約1・8倍になっているのだから、いかに日本が成長していないかがわかる。

しかも、これはドルベースだけの話ではなく、円ベースで見ても、いまの日本のGDPは1995年と同水準であり、この20年間成長していない。

1人当たりの名目GDPランキング24位に転落

このように見てくると、現在の日本は、アベノミクスなどという経済の大風呂敷《おおぶろしき》を広げられるような国ではない。そんなことをするくらいなら、これ以上、国民1人ひとりの生活レベルが落ちないように、低成長でもやっていけるシステムを構築すべきなのに、現在の政治家や官僚はそれをやろうとしない。いまだに経済成長を夢見て、昔のやり方で経済運営を行っている。

次の【図表4】は、ドルベースで見た2013年の1人当たりの名目GDPランキングだが、日本はすでに24位までランクを落としている。

現在の世界で国民がもっとも豊かな国は、トップ3のルクセンブルグ、ノルウェー、カタールで、この3国はすでに10万ドルを超えている。日本は3万8491ドルで、トップ3の2分の1以下。アメリカですら5万ドルは超えている。日本はもはや「衰退国家」であり、とても「経済大国」などと呼べないことを、自覚しなければならない。

「成長すればすべてが解決する」と、アベノミクスは国民を煽《あお》るが、賢明な国民なら聞く耳を

【図表4】1人当たりの名目GDPランキング

順位	国	名目GDP
1	ルクセンブルグ	110,423.84
2	ノルウェー	100,318.32
3	カタール	100,260.49
4	スイス	81,323.96
5	オーストラリア	64,863.17
6	デンマーク	59,190.75
7	スウェーデン	57,909.29
8	シンガポール	54,775.53
9	アメリカ	53,101.01
10	カナダ	51,989.51
18	ドイツ	44,999.50
20	フランス	42,999.97
23	イギリス	39,567.41
24	日本	38,491.35
27	イタリア	34,714.70
33	韓国	24,328.98
84	中国	6,747.23
93	タイ	5,674.39

出典：IMF World economic Outlook
（2014年10月版）
単位：USドル

持たないだろう。2014年9月15日に発表された経済協力開発機構（OECD）のレポートを見ると、このことはよりはっきりする。OECDでは、2015年の先進国のGDP成長率を次のように予測していた。

アメリカ3・2%、日本1・4%、ドイツ2・0%、イギリス2・3%、フランス1・5%
（ユーロ圏全体1・3%）

アメリカがすべての先進国を上回っている。日本もユーロ圏も1%台と低く、アメリカの半分以下である。しかも、前年発表の年間予測は、アメリカ以外はみな下方修正されていたので、日本もユーロ圏も1%は無理と考えたほうがいい。

ところが、2015年1月12日、日本政府は閣議で、2015年の名目GDPを504・9兆円、成長率を実質GDPで1・5%とする予測を了承した。「雇用・所得環境が引き続き改善され、堅調な民需に支えられた景気回復が見込まれる」と発表した。

しかしその1年前、2014年1月、政府は2014年の実質GDP成長率を2・6%と発表している。その結果はどうだっただろうか?

2015年3月9日、内閣府が発表した2014年度のGDP成長率はマイナス0・03%である。予測は完全に外れている。日本経済は、2014年はまったく成長しなかったばかりか、円安で大きく落ち込んだのである。

市場というのは、短期筋であっても、半年先を見ながら動く。半年先が予想できたら、プレーヤーは一躍大金を手にすることができる。ファンドマネージャーは賞賛の声を浴びる。しかし、日本政府の役人には、こうした能力はゼロに等しく、政治家の頭にある〝希望的観測〟(ファンタジー)をただ数字にして作文しているだけだ。

これをメディアと民間のエコノミストがさらに増幅して、垂れ流す。

外国人、投資家の「遊園地」となった株式市場

日本のメディア報道は、日本円だけですべてのモノとサービスを見ている。だから、株価も単に円による上げ下げしか見ない。GDPも同じだ。だから、単純に株価が上がれば「株が上がっている=景気がよくなっている」と報道する。GDPにしても円だけで見て、その成長率

にこだわる。

安倍首相と政府は、株価を見て政治をしていると言われている。株価が上がれば、支持率も下がらず、アベノミクスは成功していると考えているという。メディア報道が〝円アタマ〟なのだから、こうなるのも仕方ないだろう。

その結果、運用資産約130兆円を誇る世界最大級の機関投資家「GPIF」の資金や、そのほかの公的資金が、株式市場に投入されている。異次元緩和以来、日銀もETF（上場投資信託）の買入額を増やして〝ドカ買い〟している。

こうなると、不安材料が出ても株価は維持される。

こうした市場はもはや「公開市場」（open market）とは言い難く、いまの株式市場は、完全な「官製相場」になっている。かつて自衛隊の国外活動が議論されたとき「PKO」（Peace Keeping Operation：平和維持活動）という言葉が盛んに使われたが、株式市場の「PKO」は（Price Keeping Operation：価格維持活動）である。

政府がこれをやってくれるのだから、外国人と投資家は考える必要はない。いまや東京証券市場は、外国人と投資家の「遊園地」である。

現在、東証の1日の売買代金シェアの約70％は、外国人が握っている。それもヘッジファンドを中心とした短期筋だ。HFT（超高速売買）でアルゴリズムによる投資をする彼らは、ハイリターンを狙って株価、債券、為替、先物を連動させた投資を繰り返す。

ブルーチップ（優良株）を見つけてそれに投資するというような長期投資家は、ほとんど市場に参加していない。それなのに、経済メディアは企業業績による株の上下予想にこだわっている。

ただし、官によって株価が維持されるPKO相場は、デイトレードをやる日本の個人投資家にとっては、大歓迎である。彼らは外国人の動向に注視しながら、短期売買を繰り返している。外国人投資家の日々の売買状況を知るには、平日の午前8時からロイターや株式新聞速報から配信される「外資系証券経由の注文状況（外国証券の寄り付き前の注文動向）」が参考になる。また、彼らの週間の売買状況を知るには、東京証券取引所が毎週木曜日に発表する「投資部門別売買状況」を見ればいい。

これを見て、外国人の行動に付いていくのが、アベノミクスが始まって以来の個人投資家の〝正しい投資スタイル〟になった。

つまり、最終的に公的資金で株価は維持されるのだから、賢い個人投資家は、徹底して戻り売りと逆張りを貫いていけばいいのだ。実際、日本の個人投資家は2012年には1兆9100億円、2013年には8兆7500億円、2014年には3兆6200億円と3年連続で大幅に売り越している。2015年になっても、この「売り」は続いている。PKOで上げてくれた分を利食いしている。

アベノミクスによる景気回復やデフレ脱却をもっとも信じていないのは、日本の個人投資家ではないだろうか。

安倍首相と政権運営者はなにか大きな勘違いをしている。彼らは「株価が上がれば国民はついてくる、支持率も上がる」と思っているようだが、短期筋の投資家は株価の下落でも儲けられるので、株価の上昇が政権を支持する理由にはならない。また、多くの国民も、日本の場合は株価の上下が生活に直結しないので、政権を支持する理由にはならない。

それなのに、なぜ、こんなことをやっているのだろうか？

このような官製相場は、いずれ続かなくなるだろう。いくら公的資金とはいえ、その資金量には限界があるからだ。また、円安によって株価が目減りしてしまえば、まったく意味がない。

少子高齢化が進みもっとも早く「老いた」日本

それではなぜ、日本はここまで成長しなくなってしまったのか？　という大問題を、この章の最後に書いておきたい。

私はその最大の要因を、少子高齢化が世界最速で進んだからだと思っている。

ひと言で言えば、日本は世界の先進国のなかで、もっとも早く「老いた」のである。アメリカは移民国家だから人口減は起こらず、高齢化もそこまで進んでいない。欧州先進国も、移民を受け入れることで、少子高齢化のダメージを補ってきた。しかし、日本だけは鎖国政策を取り続けて、今日まできてしまった。

日本衰退のもう1つの大きな要因は、冷戦構造が失われ、世界がグローバル・ワンマーケットになったため、日本の産業の優位性が失われたことだ。西側世界の優等生だった日本に、ライバルが次々に出現したことは大きい。また、金融ビッグバンで資本移動が自由化されたため、マネーは儲かる国へどんどん流出していき、日本はより魅力的なマーケットではなくなったのである。日本が「ガラパゴス」なのは携帯や家電だけではない。政治家や官僚の頭のなかも、ここに書いてきた金融もまた「超・ガラパゴス」である。

さらにもう1つ、日本は経済成長できなくなった穴埋めを、財政出動することで支えてきた。そのため借金財政に陥り、その借金がドンドン膨らんで民間経済を圧迫するようになってしまった。日本のGDPを支えてきたのは、じつは借金であり、もしそれがなければ日本経済はもっと落ち込んでいたと言えるだろう。そして、アベノミクスは、異次元緩和で円の価値を低下させ、財政出動を国債発行による借金でまかなっているのだから、日本の衰退は止まらない。

こうした点を見て、投資家も外国人も、まだ利益が上げられるこの国で投資活動をしている。このことを肝に銘じておきたい。

第2章

アベノミクスは金融詐欺

〝生みの親〟が「ネズミ講」と自ら認める

「ネズミ講」というのは、民間がやると詐欺だが、国家がやると詐欺ではない。日本の年金制度はこの典型だが、アベノミクスの異次元緩和もまったく同じだ。

したがって、アベノミクスをネズミ講と認めた〝アベノミクスの生みの親〟浜田宏一《はまだこういち》エール大学名誉教授は、じつに人間らしい、本当に正直な方だ。

浜田氏がアベノミクスをネズミ講と認めたのは、2014年11月18日の『ロイター』の記事のインタビューで、その記事のタイトルは「アベノミクスは失敗してない、増税延期は当然＝浜田内閣官房参与」となっていた。

この記事中で、浜田氏は、「日本ほど親が働いて資産を溜《た》めている国はない」と主張。政府債務は累増を続けているが、「実現可能なネズミ講システムだ。普通のネズミ講はどこかで終わって破綻《はたん》するが、どこの政府でも次の納税者は必ずあらわれる」とし、「政府が自転車操業でお金を借りまくることはいいことではないが、政府と民間を合わせれば、消費税を先送りしても信頼が崩れることはない」と述べたのである。

「ネズミ講」は英文では「Ponzi scheme」（ポンジスキーム）となっており、これは「出資金詐欺」のことだ。

出資金詐欺とは、「いい話がある。これに出資すれば高い運用益が出るので必ず儲かる」と言って出資金を集めることを言う。もちろん、実際には運用益が出るような出資先はない。やるのは、新しい出資者のお金を既存の出資者に「これが運用益です」として渡すだけだ。こうして、いかにも儲かっているように見せかける。このやり方は、最終的に出資者がいなくなれば必ず行き詰まる。だから、民間がやれば犯罪行為として逮捕される。

ところが、浜田氏は「新しい納税者は必ずあらわれる」と言ったのだから、これはまさに正《せい》鵠《こく》を射た名言である。

では、浜田氏が言う「新しい納税者」とは誰のことだろうか？

それは言うまでもなく、この国に納税している私たち国民のことであり、今後生まれてくる日本人のことだ。アベノミクスというのは、このようなネズミ講システムで成り立っていて、政府は国債発行を通して借金を重ね、そのツケを国民に回すことで生き延びる。

それなのに、このシステムを一部の経済学者、メディア、多くの国民も支持している。「アメリカですら量的緩和（ＱＥ）をやっている。なぜ日本がやっていけないのか？」と言い出す人間までいる。

アメリカの通貨ドルは、世界の基軸通貨である。しかも、アメリカは世界覇権を持っている。つまり、世界の「ラストリゾート」（最後の貸し手）だから、これをやらないと世界全体の金融システムが崩壊する。

しかし、日本は違う。

日銀が円（日銀券）を刷れば刷るほど、円の価値は下がり、最終的に行き詰まる。アメリカはQEでウォール街の金融機関を助けている間に、国民がシェールガスを掘り続け、ついに儲かる水準まで技術革新をすることに成功した。さらに、IT産業がスマホやクラウドサービスなどで常に進化を遂げ、バイオなどの新産業も進展し、とうとう実体経済が回復した。QEは「時間稼ぎ」としての役割を十分に果たしたのである。

しかし、これと同じことを日本はできていないし、アベノミクスには効果的な「第三の矢」がないのだから、できようはずもない。日本政府に出口戦略はなく、続けられるかぎりネズミ講をやる以外手がなくなっている。

だが、こうした状況は、賢明な投資家にとってはチャンスでもある。なぜなら、政府はこのフェイクゲームから降りられないので、たとえば株価を維持するために公的資金をつぎ込み続けるからだ。

実際、GPIFは、2014年5月以降、毎月買い越しを続け、2015年1月、2月では約7000億円も買い越した。このGPIFに続いて、第1章で述べたように、国家公務員、地方公務員、私学教員の3つの年金資金を運用する3つの共済組合も、運用資金を日本株にシフトするようになった。２０１５年2月25日、国家公務員共済年金は国内株式の資産配分を現行の８％からＧＰＩＦと同様の25％に引き上げたことを発表した。さらに、日本郵政傘下のゆうちょ銀行とかんぽ生命保険までが株を買い増しするようになった。

外国人が売りに転じて株価が下がっても、公的資金が買い支えてすぐに反発する。だから、外国人は再び買い上げ、個人投資家も安心して買い進めることができる。こんなイージーな相場はかつて存在しなかった。

就任前の首相にリフレを吹き込んだ人々

実体経済は、経済学者が唱える理論とはほぼ関係なく動く。理論通りにいった試しはない。とくにこの日本では、「失われた25年」の間、ずっとこれが続いてきた。

それは、日本の資本主義と金融システムが、アメリカや欧州とは大きく異なっているからだろう。とくにアメリカで生まれた経済理論が、システムが異なるこの国で通用すると考えるほうがおかしい。

アメリカは１９８９年から始まった「日米構造協議」(SII：Structural Impediments Initiative) および、その後の改革イニシアティブによる「対日年次改革要望書」(The U.S.-Japan Regulatory Reform and Competition Policy Initiative) を通して、日本の資本主義を「クローニー・キャピタリズム」(crony capitalism) と位置づけてきた。クローニー資本主義とは、「政府とその仲間による縁故資本主義」と言ってよく、主にアジア諸国の資本主義を指すが、日本もその例外ではないとしてきた。

したがって、アメリカは日本の経済システムを自国と同じように改造しようと、常に日本に法律改正を要求した。その典型例が小泉純一郎政権時代の「郵政民営化」である。

こうした日本の状況を、郵政民営化を問う総選挙で「抵抗勢力」のレッテルを張られた小林興起衆議院議員は〝主権在米経済〟(氏の著作のタイトル、光文社、2006、ちなみにこの本は私が編集した)と表現した。

このような経緯を見れば、向こうで確立された理論がそのまま日本に適応できないのは明らかだろう。それに、資本移動が自由なグローバル経済においては、一国の経済・金融政策をいくら変えようと、その効果は限定される。

ところが、安倍総理は、〝リフレ派〟という人々に吹き込まれた「経済理論」に飛びついてしまった。彼らは、リフレーション(通貨再膨張)によって人工的にインフレを起こせば日本経済は復活すると主張した。リフレ派の人々は、ともかくデフレを目の敵にしていた。

その1人、中原伸之元日銀政策委員会審議委員は、安倍自民党総裁が誕生するやいなや、資料片手に熱心にこう吹き込んでいたという。

「日本が長期デフレ不況に陥っているのは、日銀の資金供給量が足りないからです。アメリカのＦＲＢは市場にドルをどんどん供給している。これと同じことをしなければ、足元の円高は脱却できないし、デフレも克服できません」

政治家のパーティでも、財界人のパーティでも、中原氏は安倍総裁にピッタリと寄り添い、こう説明していたという。

もう1人、前記したアベノミクスの〝生みの親〟とされる浜田宏一氏も、熱心にリフレ策を説いた。この老学者は、デフレ脱却を第一に掲げ、当時の日銀の政策が誤っていることを指摘し続けた。

じつは、浜田氏が２００1年に内閣府経済社会総合研究所長に就任したとき、安倍首相は官房副長官として官邸にいた。だから、首相は当時から浜田氏の話を聞いていたのである。

アメリカで通用しても日本では通用せず

リフレ政策とは、少し前までは「インフレターゲティング論」と呼ばれていた。通貨供給量（マネーサプライ）を増やすとインフレ率が高まる、マネーサプライはインフレと比例的な関係にあるとする「貨幣数量説」（quantity theory of money）が前提になっている。また、「合理的期待形成説」（rational expectations hypothesis）も、リフレ政策の根底にある。

合理的期待形成説とは、企業や家計は「そのときに入手可能な情報を活用して、最適に将来を予想しながら行動する」という仮説である。要するに、企業も人も経済合理性に基づいて行動するから、将来インフレになる（＝物価が上がる）とわかれば、実質利子率は低下する。実質利子率が低下すれば、設備投資や個人消費が刺激される。つまり、人々は先にお金を使うようになって、景気はよくなるというのだ。

こうして、インフレ率の将来目標を設定し（＝インフレターゲティング政策）、それを目指して金融緩和をやり続けるという政策が生まれた。これを提唱したのは、アメリカの経済学者ポール・クルーグマン氏などである。

ポール・クルーグマン氏は「これによって〝流動性のワナ〟から抜け出せる」と言った。これに飛びついたのがリフレ派であり、現在日銀の副総裁となった岩田規久男《いわたきくお》氏などは、この理論の急先鋒《きゅうせんぽう》だった。

しかし、よくよく考えてみてほしい。

合理的期待形成説などというのは、本当にありえるのだろうか？　インフレになるからというだけで、人々はお金を使うだろうか？　それほど人間は合理的に行動するものなのだろうか？　また、中央銀行がマネーを大量に供給することだけで、人間の心理まで変わるものなのだろうか？

日本人は、この四半世紀、ずっとデフレの恩恵のなかで暮らしてきた。お金を使わず、将来に備える。ともかく、無駄なことはしないという暮らしを律儀に守ってきた。そして、デフレが続いたために、日本の産業構造はそれ以前とは大きく違ってしまった。

そんななかで、政府が無理やりインフレにするからもっとお金を使えと言われても、企業も個人もそれをするだろうか？　なにより、デフレとはそんなに悪いものなのだろうか？

こうした数々の疑問があるにもかかわらず、日本人はポール・クルーグマン氏をノーベル賞学者ということだけで、ありがたがった。安倍首相も、今日まで彼が日本に来るたびに、彼のご高説を聞いてきた。しかし、この親日家でもない経済学者が、経済構造がアメリカとは違う国を理解しているわけがなかった。

じつは、ポール・クルーグマン氏がアメリカでも重宝されたのは、彼がリベラルな主張をしても、その政策提言はウォール街にとって都合がよかったからにすぎない。

オバマ大統領は、ウォール街が資金援助したことによって誕生した大統領である。多くのヘッジファンドがオバマ候補に選挙資金を与えた。だから、オバマ氏は大統領になると、ウォール街が望んだＱＥ政策を実施したのである。ベン・バーナンキ前ＦＲＢ議長もウォール街の〝親友〟である。

ＱＥ政策は、クルーグマン氏に言わせれば景気回復政策である。しかし、その本質は、リーマンショックで傷ついたウォール街の金融機関の不良債権を政府に付け替えるための救済策であり、アメリカの金融システムを守り、同時にアメリカの世界覇権を維持することにあった。

しかし、これを見た日本の経済学者たちは、これが日本でも利くと思い込んだ。自民党の政治家たちも同じように、量的緩和をすれば、デフレは克服され、円安になり、株価も上がり、その効果で企業が業績を回復し、最終的に給料も上がって、景気は回復すると思い込んだ。

しかも、量的緩和と財政出動はセットになっているので、政治家がいちばん権力を行使できる「バラまき」を行える。こんな都合のいいことはなかった。

こうしてアベノミクスのストーリーができ上がった。その要点は、まず、円安になれば輸出が増え、企業業績が改善される。日本は輸出立国だから、これで日本企業は儲けられる。そうすれば、その儲けは最終的に労働者に回る。日本流の「トリクルダウンが起こる」というストーリーである。

しかし、日本のものづくりはすでに日本国内ではほとんど行われておらず、優良企業ほど国内を捨てて国外に出ていた。国内に主だった製造業はないのだから、このストーリーははなから間違っていた。また、企業金融は銀行を介した「間接金融」から「直接金融」が主流になっていて、企業は銀行からお金を借りない。つまり、金融緩和でいくらマネーが供給されても、銀行は貸し出し先がなく、銀行は現金を日銀の当座預金に「ブタ積み」するほかなかった。

政治家は自分の国の企業も金融も知らない

２０１４年も末になると、「誤算だった」と、当初アベノミクスに同調した民主党の政治家まで言い出した。とくに前原誠司氏などは、アベノミクスのストーリーに最初は共感していたのに、円安で輸出が増えないとわかると、アベノミクスを批判するようになった。自分たちはもっとひどい経済政策をして、大量のバラまきをしたにもかかわらず、この有様である。

日本の政治家は与野党を問わず、「カネを刷って国民にバラまく」ことしか頭にない。そうすれば、おカネが国のなかを回り景気がよくなると思い込んでいる。

与野党とも企業からあらゆる種類の献金をもらっている。それなのに、どこの企業がどこでなにを生産しているのかということすら、知らないようだ。たとえば日本を代表する企業、トヨタ自動車のクルマの６割以上が海外で造られている。しかも、トヨタの経営はだいぶ前から消費国生産方式になっていて、いくら円安になっても国内回帰はしない。このようなことすら、彼らは知らなかったのではないかと思われる。

株価が上がればいいという単純思考も問題だった。第1章で説明したように、彼らが、アメリカと違って日本の家計資産に占める株の割合が数%にすぎないと知っていたら、株式市場にこんなに公的資金をつぎ込むだろうか。

それでもなお株価を上げたいなら、自分のカネでやるのでなく、他人のカネでやるべきだ。つまり、外国人にもっと買わせればいい。安倍首相は海外に出たときは、ほぼ毎回、映画『ウォールストリート』の主人公ゲッコーの台詞《せりふ》をもじって、「Buy my Abenomics!」（バイ・マイ・アベノミクス！）と言い続けてきた。日本にもっと投資してほしいと、大声で叫んできた。

しかし、2014年から上場企業の株式配当は、それまで10％の分離課税ですんでいたものが20％に引き上げられた。また、日本の非居住者と外国法人が受け取る上場株式の配当にかかる所得税の源泉徴収税率が、これまでの7％から一挙に15％に引き上げられた（租税特別措置法9条の3）。さらに、これに復興特別所得税が加わって15・315％となったことから、条約適用届出書が必要となった。

このことから、外国人が日本の上場株式を取得して配当を得た場合は、次のような手続きをしなければならなくなった。

（1）特別届出書を税務署に提出し、「租税条約の名称」及び「源泉徴収義務者の名称等」をそれに記載する。

（2）個別の配当に関する事項は、別途非居住者等から源泉徴収義務者に対して通知する。

（3）源泉徴収義務者は、通知を受けた事項等を光ディスク等により所轄税務署に提出する。

こんな面倒なことを、はたして外国人が行うであろうか？　アメリカのケースで言うと、私のような日本人（つまりアメリカにとって外国人）がアメリカで株を買っても、株を預けている証券会社からのステートメントが送られてくるだけで、それを見て配当があれば確定申告書にそれをプラスするだけでいい。

ところが、日本だけこんな煩雑な手続きが必要なら、彼らはこの市場からどんどん去るだろう。とくに日本の優良株を長期保有するなどという真っ当な外国人投資家はいなくなる。

実際、多くの政治家は、こんな税法改正があったことすら知らない。

このように、日本の金融システムは欧米から見ると、クローズドされたシステムである。まさに、〝金融ガラパゴス〟と言うしかない。これだけでも「バイ・マイ・アベノミクス！」は、マヤカシと言うほかない。

誰も失敗を認めないまま借金だけが積み上がる

評論家の大前研一氏は、日本の政治家について、「彼らは日本の経済の実態を理解していない」と、はっきりと言い切っている（２０１４年12月25日『ＮＥＷＳポストセブン』）。

大前氏は、次のように述べている。

《アベノミクスは、あくまで20世紀型の経済対策である。20世紀型の経済対策は、３つしかない。１．金融政策　２．財政政策　３．成長戦略である。現在の日本の状況は過去の経済史上初めての現象のため、これらは効果を発揮しない。特に、円安効果は薄く、世界中で自国通貨が安くなって喜ぶのは日本と韓国だけである。現在の1ドル120円はデメリットの方が大きい》

2014年8月に刊行された『アベノミクスの終焉《しゅうえん》』（岩波新書）の著者、福井県立大教授の服部茂幸《はっとりしげゆき》氏は、次のようなことを言っている（2014年12月15日『日刊ゲンダイ』）。

《危機が本当に明らかになるまで危機を否定し、隠蔽《いんぺい》する。失敗しても、失敗の責任は他に押し付け、成果だけを自分の手柄にしてしまう。

失敗を犯しても、多数派の力で自らの責任を免責する。政治が有力集団と結びつき、その利益を擁護する。米国同様、日本でも、こういうことが今も行われているからだと思います。大多数の国民はアベノミクスの恩恵はないと答えていますが、成果が出るまで「時間がかかる」といって、失敗を認めません。現在の不況にしても、アベノミクスがうまくいかないのではなくて、消費増税のためにしてしまう。

安倍政権の周辺のリフレ派の学者たちも、こうやって自分たちの失敗を免責し、間違った政策が続いていく。経済学と経済政策はさまざまな失敗を繰り返してきました。その都度、警告も繰り返されていたにもかかわらずです。それは失敗した人々が失敗を隠蔽し、ゴマカし、記憶を忘却させるからです》

私は、アベノミクスが始まる前から、それが間違っている、日本は経済縮小に合わせて財政を縮小し、政府をスリム化して、そのうえでグローバル経済に適合できるような改革を行っていくべきだと主張してきた。

しかし、ファンタジーストーリーは日々強化されて、2015年の国家予算案（一般会計）は、なんと過去最大、2014年度比0・5％増の96兆3420億円にまで膨れ上がった。

このうち、税収は54兆5250億円で、歳入不足を補う新規国債発行額は36兆8630億円。これは、2014年度に比べて4兆3870億円減額されたものの、予算の約4割を「借金」でまかなうという、赤字予算である。

しかも、これは一般会計だけの話だ。日本にはもう1つの国家予算「特別会計」があり、これは一般会計を上回る規模である。

たとえば、2014年度の特別会計は411・4兆円であり、一般会計の入り繰りを控除した予算総額は237・4兆円である。このうち国債費は91・4兆円。つまり、政府は、一般会計ではわからない「隠れ借金」を持っている。しかし最近は、この特別会計の闇を指摘するメディアもエコノミストもいなくなった。

日本国は、もう何十年にもわたって赤字予算を組んできているので、政府は、国債によって借金することに麻痺《まひ》してしまっている。

【図表５】国債残高と利払い費の推移

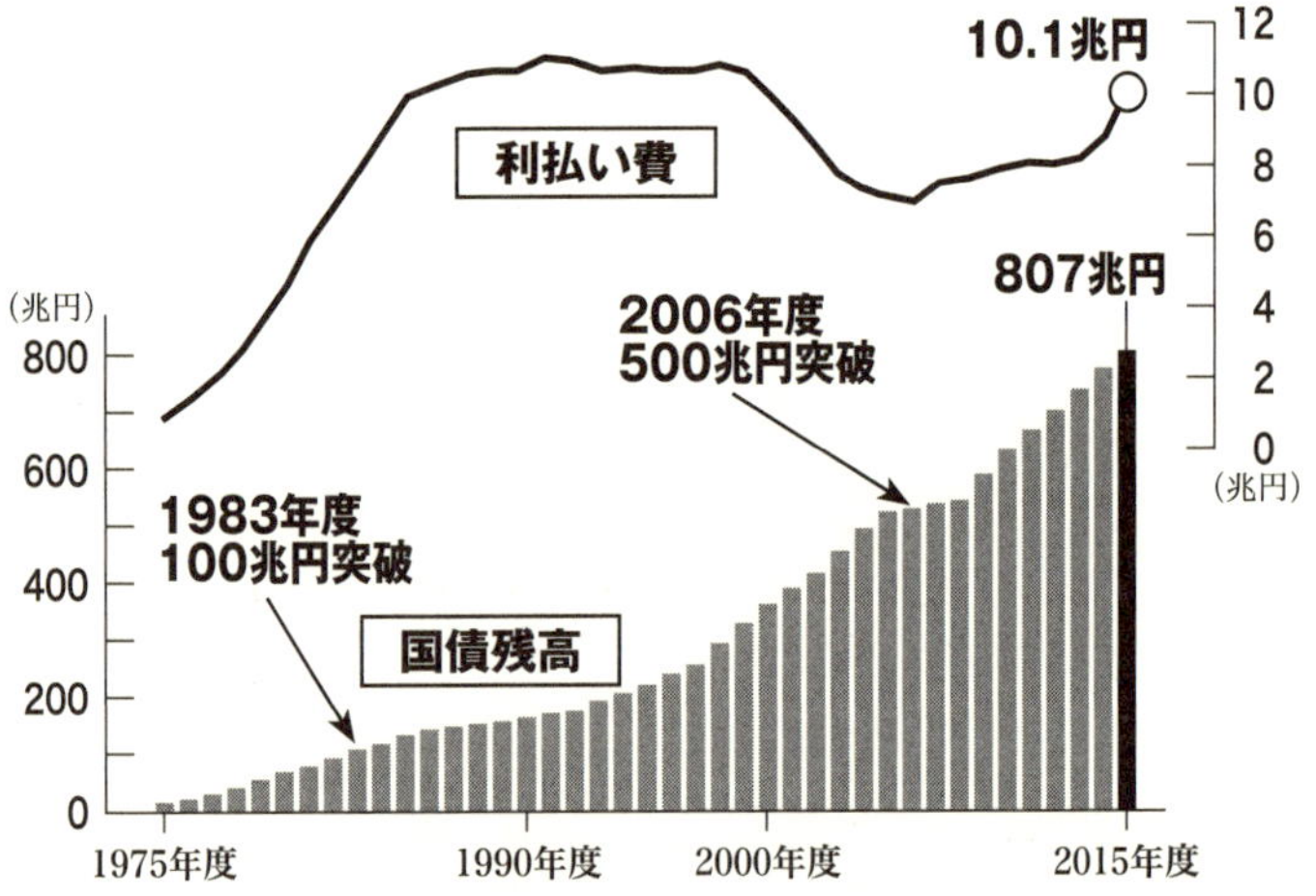

注：2014、15 年度の利払い費は予算案ベース、2014、15 年度の国債残高は年度末見込み

２０１５年１月14日、予算案が閣議決定されたのと時を同じくして、財務省は２０１５年度の国債発行計画を発表した。それによると、国債の発行総額は過去最大だった２０１４年度に比べて11兆５１４７億円減の１７０兆２４４１億円。過去に発行した国債の償還に充てる借換債は１１６兆２９８６億円。利払い費は10兆１４７２億円である。

新規国債の発行額は減ったものの、財政投融資に充てる財投債などを除いた国債発行残高（国の借金の総額）は２０１５年度末時点で約29兆円増えて８０７兆円と、初めて８００兆円台を突破することになってしまった。

【図表５】は、国債残高と利払い費の推移

のグラフである。日本国の借金が、毎年うなぎ上りに増えてきたことがわかる。とくにこの10年ほどで2倍に膨れ上がっている。また、利払い費が約10・1兆円ということは、私たちが払う税金の4分の1～5分の1が、単なる借金の利息に消えていくことを意味している。

さらに、借金の返済を繰り延べする借換債を約116兆円も発行するということは、この国の財政が破綻状態にあり、まさに「自転車操業」になっていることを表している。

ところで、国債残高807兆円というのは、国民1人当たりの借金にすると約634万円となる。つまり、これを返済できる見込み（返済は私たち国民の税金で行う）はまったくない。しかも、これに特別会計を加え、表に出ていない借金を加えたら、国民1人当たりの借金は軽く1000万円を突破するだろう。

同じ過去を持つドイツとまったく違う道

それにしても、私が思うのは、なぜ同じような過去の歴史を持ちながら、日本とドイツはまったく違うのかということだ。

ドイツは、2014年7月2日、1969年以来となる新規国債発行額がゼロの2015年予算案を閣議決定した。これはメルケル首相の強い意向であり、ドイツ政府は、2018年まで新規の国債発行なしで歳出をまかなう計画を立てた。

ドイツも日本も国債の大量発行による経済破綻を経験している。ドイツは第一次大戦の戦費を国債発行でまかなったが、戦争に負けたために巨額な戦後賠償が加わった。それで仕方なく大量の通貨を刷ったため、ハイパーインフレが発生し、その苦しみのなかからナチスの台頭を許してしまったという歴史がある。

日本も、戦時中は巨額な戦時国債を発行し、それを中央銀行に引き受けさせるかたちで、資産の裏付けなしの増刷を行った。その結果、敗戦後にハイパーインフレが襲い、庶民生活は破壊された。

だから、戦後憲法では、GHQによって第83条に「国会議決主義」、第84条に「租税法定主義」が打ち出され、国家権力による過酷な徴税や国費乱費の防波堤としている。つまり、国家予算は国民（国会）の承認（立法）を得なければ成立しないことになった。さらに、財政法により、財政的な裏付けのない国債発行に歯止めをかけた。

しかし、いつのまにか特例法によって赤字国債の発行が可能になり、財政規律は失われてしまったのである。同じような歴史を持ちながら、ドイツは財政規律を守ろうとし、日本は守ろうとしない。この差は大きすぎる。

ふつう、国家財政がここまで悪化すれば、たとえば、EUで行われているように「加盟国は財政赤字をGDPの3％以内に収める」というようなルールができるはずである。

財政赤字の上限を決めなければ、国家の歳出は際限がなくなる。その結果、量的緩和と称して、国は日銀に大量に紙幣を刷らせている。それを国債で吸収し、やる必要のない「バラまき」を行っている。

バラまきこそが票を獲得する最善の方法だと信じている政治家ばかりのこの国では、借金を止める方法はほぼない。

世界覇権を握り、ドルをいくらでも刷れるアメリカですら、「財政均衡法」を持っている。

アメリカの財政均衡法は、「グラム＝ラドマン＝ホリングス法」(Gramm-Rudman-Hollings Act) と呼ばれるもので、財政赤字が同法の定める限度額を超えると、自動的に歳出カットが行われることになっている。

この法律は、１９８５年12月に成立し、その後、最高裁で違憲判決を受けて修正され、１９８７年12月に再成立した。これにより、連邦政府は単年度のプライマリーバランス（財政収支均衡）が義務となったが、実際に達成されたのは２００２年になってからだった。しかし、日本は政府に強制的に財政収支均衡を達成させるための法律はない。

だから毎年、努力目標になるだけで、これまで達成されたことがない。

厚かましいギリシャ人を笑えない日本

2015年1月、ギリシャでは、「反緊縮」を掲げる野党・急進左派連合（SYRIZA）が選挙で圧勝した。これで、ギリシャはEUに約束した緊縮財政を止め、EUに対してさらなる金融支援（追い貸し）を求めることになった。つまり、「オレたちはもう倹約生活に耐えられない。なんとか借金を棒引きして、さらにもっと貸してくれないか」と、ギリシャ国民は言い始めたのだ。

まったく、なんという厚かましい国民だろうか？　自分たちがキリギリス生活をして楽しんだツケをほかの国に回そうというのだ。しかし、このギリシャの甘えを、ドイツやオランダは頑として許さなかった。その結果、ギリシャが勝ち取ったのは金融支援の4カ月延長だけだった。

ギリシャの財政が破綻状態にあると明らかになったのは、5年前である。以来、多くのギリシャ国民が職を失い、耐乏生活を強いられるようになった。優秀な人間、将来を悲観した若者は国を出るようになり、残った人々は〝使えるユーロ紙幣〟を銀行からせっせと引き出すようになった。こうしてギリシャの銀行にはカネがなくなり、いつも融資を請うようになった。また、人々は、どうせ国家が破綻するなら税金など払う意味がないと考え、税金を滞納するよう

【図表６】日本の銀行の資産と預金

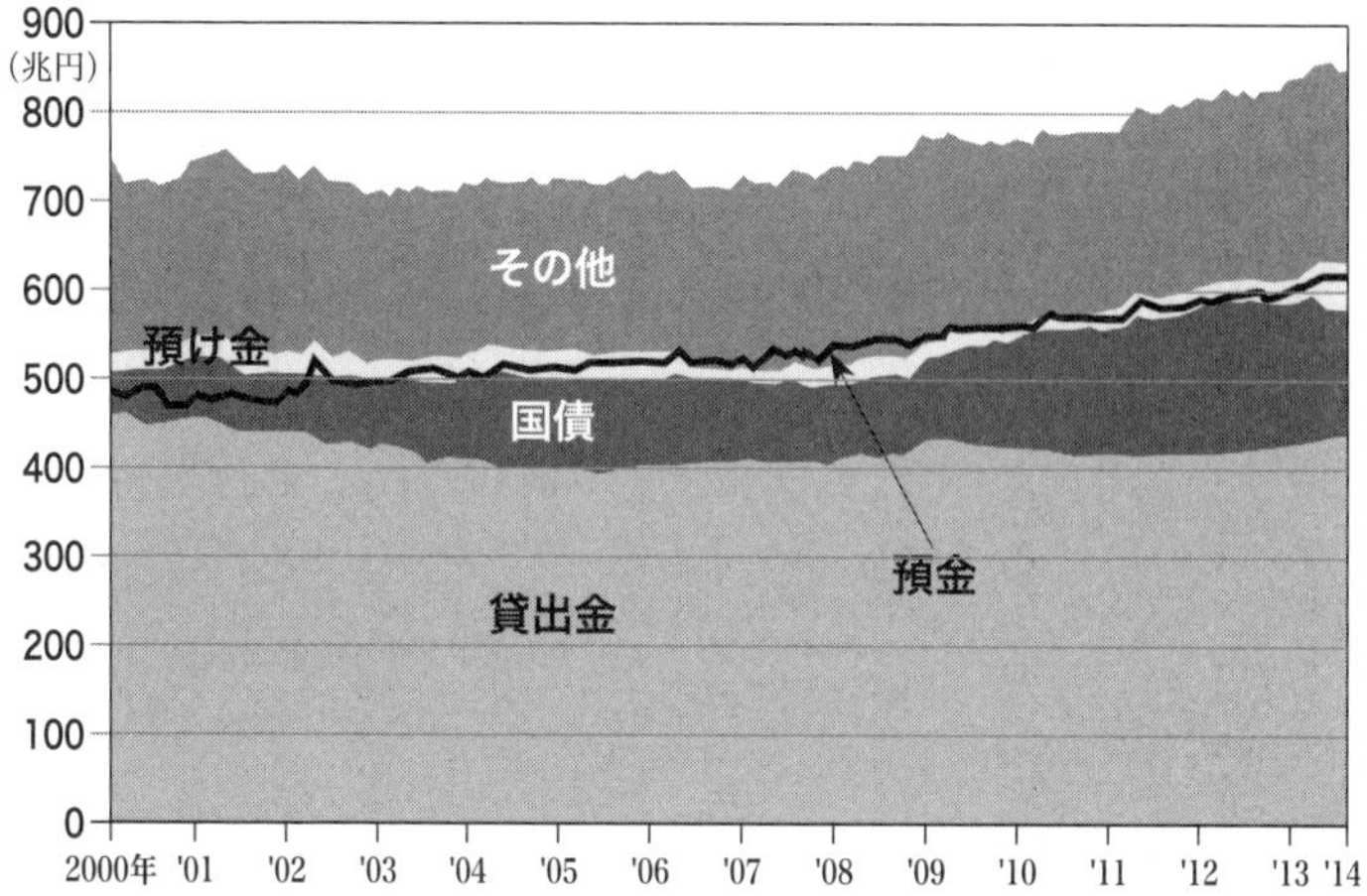

出典：日本銀行の統計より作成

になった。

このギリシャの姿は、じつは、莫大な赤字を抱えてニッチもサッチもいかなくなっている日本政府と地方自治体に重なって見える。日本には、借金を抱え、地方交付金だけで生き延びている自治体がいくつもある。主要産業は補助金漬けの農業と道路などを造る土建業、主要就職先は公務員という「破綻自治体」である。

じつは、アベノミクスは、これらの自治体をバラまきで支えようとしている。「地方創生」といっても名案はなく、破綻自治体は増え続けている。

ギリシャのように、銀行に常におカネがないという状況はまだ日本では起こっていない。日本国民の金融資産の多くは銀行の預貯金となって眠っている。日本の個人金融資産は約1654兆円あり、そのうちの約874兆円が現預金となっている（2013年末現在、日銀の資金循環統計）。

この巨額な預貯金に関して、2014年6月13日、麻生太郎財務大臣は、記者会見で「有効活用されていない」と訴えた。彼は「気がついてみたら1600兆円の個人金融資産がたまりにたまって、そのうち880兆円を超える金が現預金です。資産の5割以上を現預金で持っているという先進国はないですよ」と発言し、寝ているお金が成長産業に回らなければいけないという主旨のことを述べた。

しかし、現実には880兆円のお金が遊んでいるわけではない。銀行は預かったお金を運用しなければならないから、これで株や国債を買い続けたのである。つまり、すでに私たちの預貯金の多くは国債というかたちで政府に吸い上げられてしまっているのだ。

ちなみに、日本の銀行の資産と預金は前ページの【図表6】のようになっている。

ついに再編、苦しくなる一方の銀行経営

このように金融機関が持っている国債をいくらでも買い上げるというのが「異次元緩和」である。金融機関が政府の国債入札に応じて国債を買うと、日銀がそれを買ってくれる。

その結果、日本の国債市場は麻痺してしまい、2015年1月には、長期金利（10年物国債の

利回り）がなんと0・1%台を割り込むという史上初の事態が起こった。長期金利が低下すれば、住宅ローン金利も低下する。だから、銀行に行くと「金利が低いいまがマイホームを持つチャンス」などと盛んに住宅ローンの借り入れや借り換えを勧められるようになった。

アベノミクスになってからは、固定金利でも、最低のものは1・0%を下回るようになった。これは異常事態である。

こうなると、本当に賢い人間は変動より固定を選び、さらに賢い人間はローンを組んでまでマイホームなど買わなくなる。固定を選ぶのは、将来の金利アップが必然だからであり、マイホームを買わないのは、サラリーマン向けのマンションや戸建ては資産価値が下がるのが必至だからだ。

最近は、東京通勤圏内の中古マンションで500万円を切る物件も多く出ており、新築はまったく売れなくなった。

住宅が売れないのだから、当然、クルマも売れない。売れるのは軽自動車だけだ。もちろん、一般の消費も伸びない。デパートもコンビニも売上を落としている。

こうなると、日本の多くの銀行は「逆ザヤ」に陥る。とくに地銀は稼ぐことができなくなった。実際、2014年9月中間期で、銀行の国内での収益力の目安である「総資金利ざや」は全国112行のうち11行が逆ザヤに陥ってしまった。

逆ザヤの原因は、資金需要がない、つまり借り手がいないことだ。異次元緩和で貸出金利や国債利回りが急低下し、銀行は住宅ローンなどで稼ぐこともできなくなってしまったというわけだ。いまや銀行は投資信託の販売手数料やATMなどの手数料ぐらいしか主たる収入がなくなってしまっている。

銀行経営の基本は、資金運用利回りにある。これが低下すると、銀行業そのものが危機に陥る。全国銀行協会の調べでは、2013年度の資金運用利回りは1・10%である。これは、5年前から0・55%も低下している。異次元金融緩和で預金金利がほぼゼロに張り付く一方で、貸出金や国債など資金運用利回りの低下幅のほうが大きいためだ。

アベノミクスが始まってから、銀行経営が苦しくなっているのだから、金融緩和の意味はまったくないと言っていいだろう。

慌てた金融庁は、地銀の再編に乗り出し、たとえば東京都民銀行と八千代銀行が経営統合された。また、地銀の雄・横浜銀行は第2地銀の東日本銀行を救済するかたちで経営統合することになった。九州では鹿児島銀行と肥後銀行の合併も決まった。

地銀・第二地銀及び埼玉りそな銀行106行の決算は2014年9月中間期に最終利益が前年同期比1%の増益と好調だった。しかし、金利を主な収益源とする資金利益は10年で1割も減った。超低金利で資金運用が行き詰まり、銀行経営は真綿で首を絞められるように日々苦しくなっている。

日銀によって国債市場は機能しなくなった

民間銀行の経営が圧迫されているなか、日銀の経営も危機レベルになった。というのは、国債を買いすぎて、市場に国債がなくなってしまったからだ。

この状況を、『週刊ダイヤモンド』誌（２０１４年10月19日号）が「日本国債のタブー」という特集で初めて警告した。それによると、日本の国債市場（８６８兆円）はこのまいくと干上がるという。

なぜ、そんなことになるのだろうか？

それは、国債の買い手が、事実上、日銀だけになってしまったからだ。２０１４年10月までＧＰＩＦも主な買い手だった。それが、ポートフォリオを見直し、運用を債券から株にシフトし、いまは日銀だけが主な買い手になった。もちろん、売り手は銀行・生保・郵貯・簡保などである。

ところが、これらの金融機関にはもう売る国債がない。なにしろ、日銀は1年間で80兆円もの国債を購入することになっている。ということは、今後発行される新規国債40兆円（２０１５年度予算は37兆円）のすべてを買ったとしても、まだ40兆円足らない。では、金融機関は既発行の国債を日銀に売るだろうか？　多くの銀行関係者は「売らない」と言う。その理由を、銀行関係者に聞くと次のような答えが返ってくる。

「すでに5年債の利回りはほぼゼロです。コストを考慮すれば、マイナス金利状態です。ということは、いま手元にある高クーポンの国債を売っても、売却で得た資金を回す投資先がないのです」

ここでアベノミクスの異次元緩和以前と、以後を比較してみたい。はっきりしているのは、異次元緩和以降は、日銀の当座預金残高がどんどん積み上がっていることだ。この状況で、日銀は国債を買い増してきた。

［アベノミクス以前］
民間に資金需要がないため銀行に預金が積み上がる→銀行は投資先がないので国債を買う
［アベノミクス以後］
日銀が銀行から長期国債を中心に買い上げる→銀行はやはり資金需要がないので日銀の当座預金にブタ積みにする→日銀が当座預金を国債で運用する

こうして、発行される国債のほとんどが日銀に行ってしまい、事実上、国債市場が機能しな

【図表7】日銀の資産の推移（2010～2014）

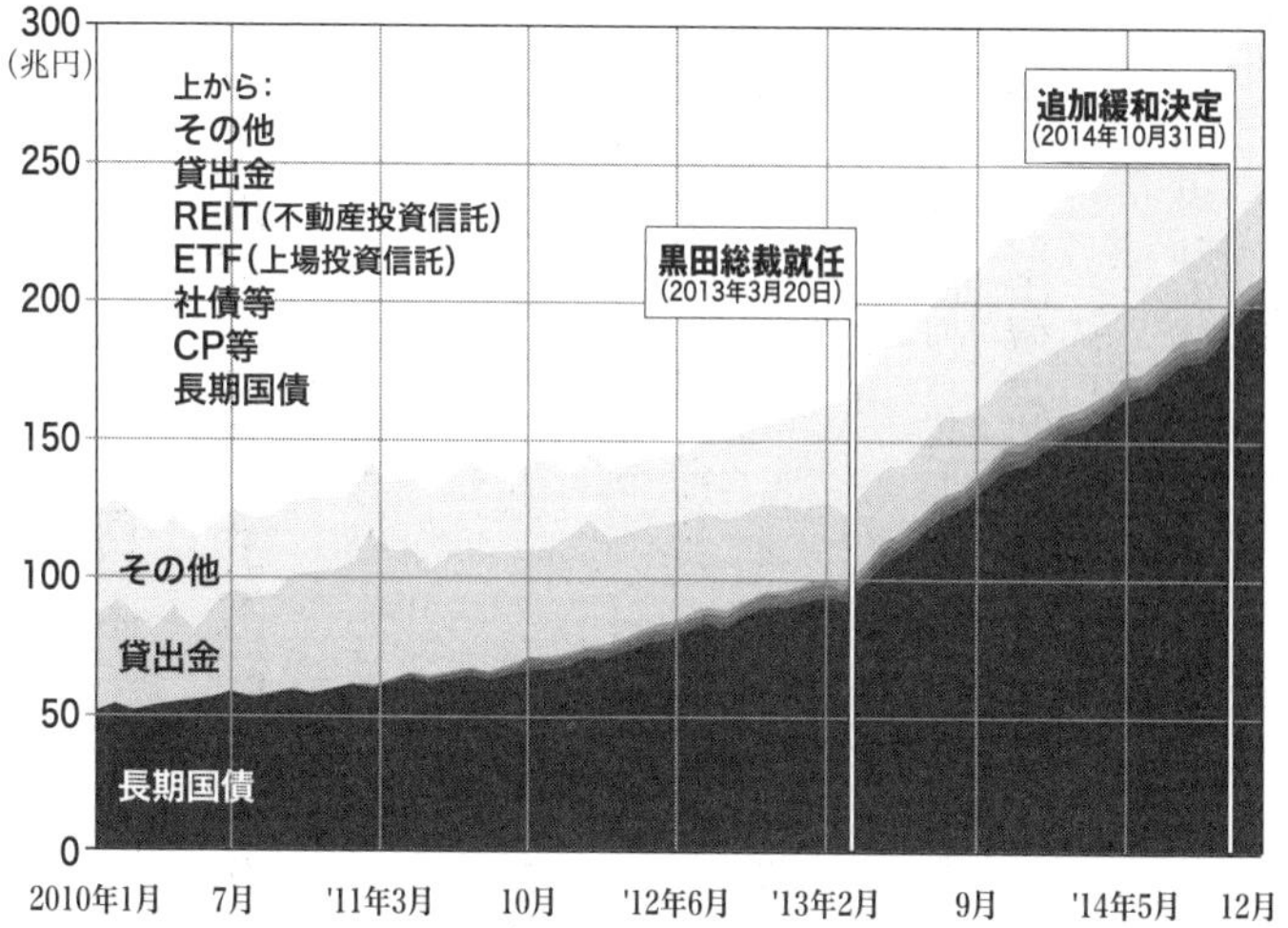

出典：日本銀行の統計より作成

くなったのである。つまり、金利上昇のリスクは民間から日銀に移り、これで金利は低位安定した。アベノミクスは金利を低く抑えて国債利払いの負担を減らすという「金融抑圧政策」としては成功したのである。

【図表7】は、日銀の資産の推移である。日銀はこれまで国債ばかりか、ETF（上場投資信託）、J-REIT（上場不動産投資信託）などのリスク資産（実質的に株式や不動産など）もどんどん買い入れてきた。しかし、国債の買い入れはあまりにも大きく、いまや資産の8割以上が国債である。この国債が今後暴落する可能性がある。

つまり、「金融抑圧」の先に待ってい

るものは、政府による「債務不履行」か「インフレによる債務の圧縮」しかない。いずれにせよ、政府債務は踏み倒され、国民生活は貧窮し、政府と官庁だけが生き延びる。

これ以上金融緩和ができない限界点がくる

国債を保有している金融機関が売りたくても売れないということは、なにを意味するのだろうか?

それは、日銀の異次元緩和がやがて限界になるということだろう。つまり、この先日銀が新規発行の国債を金融機関からすべて買い占める、さらに、GPIFの手持ちのものも買う。それでも、年間目標80兆円に足りないということが起こる。

異次元緩和が始まったころは、結局日銀が買ってくれるわけだから、金融機関は国債が一時的に値下がりすれば買い、それを戻したところで日銀に引き取ってもらえばよかった。それが2014年10月31日のバズーカ砲第2弾(追加緩和)で、さらに加速した。こうして、金利は急降下し、10年もの国債金利が0・2%を割るまでになった。

こうなると、もはや国債をいくら持っていても、金融機関にとってリスクにしかならない。だから、長期のものはどんどん手放し、資金を日本国債からアメリカ国債などへ移動させるようになった。これで長期国債の市場はほぼなくなった。円安の加速もこうした動きを進展させた。

そうして残った短期国債すらもリスクになってきたので、もはや売るに売れない状況に陥ってしまった。となると、これまでいやいや新規国債の入札に応じていた金融機関は、入札に応じなくなる。短期国債の「札割れ」（入札予定額に達しないこと）が起こるようになった。

こうなっていくと、日銀は緩和が継続できなくなるので、国債以外に銀行が所有する手形やその他の債券、株式、住宅ローンなども買い取ってしまう可能性もある。しかし、これは完全な財政ファイナンス、金融詐欺である。つまり、その先に待っているのは、信用崩壊による金利の高騰だ。

金利が高騰すれば、日銀は一気に赤字となり、それを埋めるために資産を売却するしかない。しかし、その買い手はほぼいない。異次元緩和には出口がないのだ。

よく「日本国債はほとんど日本国内で消化されているから問題ない」というお花畑思考者がいる。それなら、日本の財務省がなぜ海外でドル建て国債を発行できないのかと考えてみればいい。国内と同じ低金利で発行したら、誰も日本国債など買わないだろう。どんなに見積もっても、アメリカ国債より金利を高くしなければ引き取り手はない。

ムーディーズは2014年12月1日、日本国債の格付けを最上位から4番目の「Aa3」から「A1」に1段階引き下げた。この格付けは韓国（Aa3）より低い。ただし、スタンダード・アンド・プアーズ（S&P）は「AA（ダブルA）マイナス」に据え置いた。ちなみに、アメリカ国債は最上位の「AAA（トリプルA）」から1段階下の「AA（ダブルA）プラス」である。

いずれにせよ、世界一の政府債務を抱える国の国債を低金利で買うという投資家が存在するだろうか？　つまり、日本国債の本当の市場価値は、日本国内での市場価値とはまったく違うのである。

金融緩和には必ず限界点がくる。そうなったときいったいなにが起きるのだろうか？

天才詐欺師ジョン・ローと同じことをしている

こんなことは書くまでもない当たり前のことだが、政府の支出を国債（つまり借金）でまかなったとしても、際限なく財政赤字を拡大できるわけではない。いつかは、それを抑制するようなメカニズムが働く。

もし、なんの負担もなしに財政を拡張できる、つまり支出を続けられるなら、この世の中から経済活動というものが消えてなくなるだろう。

18世紀初めのフランスで、ジョン・ローという天才による、有名な「金融詐欺事件」が起こった。彼は政府の債務をまかなうために王立銀行を設立して、無担保紙幣（銀行券）を発行させ、それを国立ミシシッピ会社に貸し付けた。

ミシシッピ会社は15億リーブルの銀行券を年3％の金利で政府に貸し、その資金を自社株の売却でまかなった。ジョン・ローはそうしてミシシッピ会社の事業を誇大宣伝したため、なんと株価は額面の36倍になった。

しかし、この詐欺は3年でバレて、バブルは崩壊し、年率80％のハイパーインフレが起こり、フランスの財政は破綻。結果的に、フランス革命に繋《つな》がった。

このジョン・ローのスキームは、現在、日銀が国債を引き受けている「異次元緩和」と同じである。

話は簡単だ。政府が余計なことをせず、民間にまかせればよかったのである。それが、異次元緩和や財政出動などをしたために、企業も個人も、それに対応して余計なことをしなければならなくなった。

「第三の矢」の規制緩和、構造改革だけを目指して、公務員も議員も減らし、組織をスリム化し、既得権益を持つ組織を破壊していけば、経済は自律的に回復しただろう。

本来、私たち日本人は、勤勉で働き者で、アイデアマンでもある。

バラまかれたおカネにたかったり、金融バブルだけで儲けようとしたりすることを嫌う。アベノミクスがこのまま続けば、「真面目《まじめ》に働くのがばかばかしい」という風潮が社会に広まるだろう。

政府が本来やらなければいけないのは、「縮んでいく日本」「衰退していく日本経済」に合わせて、経済の運用コストを減らすことだ。ダウンサイズにはダウンサイズによって均衡を図るしかない。そうすれば、成長率が低くとも、1人ひとりが貧しくなっていくということはないだろう。

第3章

大不況を隠し続けるメディア

意図的に「景気悪化」を隠す大メディア

アベノミクスが始まってから大メディアの偏向報道はひどくなった。とくに経済に関しては、悪いニュースをほとんど流さなくなった。また、どんなに悪い数値が出ようと、見出しと取り上げ方で、あたかも日本経済は回復しつつある、アベノミクスは道半ばだがいずれいい結果が出ると、一般庶民をミスリードし続けるようになった。

たとえば、一般メディアがあまり取り上げない経済数値に、電気事業連合会が発表する「電力需要実績」というものがある。これは、産業界の動向を知るうえでかなり重要な統計の1つだが、このうち「産業用大口電力需要実績」は、2014年5月以来10カ月も連続で減少した。これを、2015年3月20日の『日本経済新聞』は、小さく報道しただけだった。

なぜなら、日経平均は1万9000円台を突破して連日高値を更新し、「14年10カ月ぶりの高値」「今世紀最高値」と、各メディアが大きく報じていたからである。

しかし、株価上昇とは裏腹に、2015年2月の電力需要実績は、前年同月比3・0％減（産業大口では2・6％減）を記録しており、日本の企業活動が回復などしていないことは明らかだった。

次が、10カ月連続減を記録した2014年5月からの各月ごとの大口電力の伸び率である。

2014年5月　0・0％減
2014年6月　0・1％減
2014年7月　1・1％減
2014年8月　2・1％減
2014年9月　1・5％減
2014年10月　2・3％減
2014年11月　1・2％減
2014年12月　0・6％減
2015年1月　1・8％減
2015年2月　2・6％減

いくら省エネが進んでいるとはいえ、この電力需要の落ち込みは異常である。なぜなら、それ以前は需要が伸びていたからだ。2013年10月から2014年4月まで、電力の大口需要は、7カ月連続でプラスとなっていたのである。ということは、この期間だけが景気が回復していたと言えるのであって、それ以降景気は失速し、日本経済は不況に陥ったと考えるのが自然であろう。ちなみに、日本の電力料金は世界でも最高水準にある。つまり高すぎる。

しかし、メディアは「不況」とは絶対に書かない。それを裏付ける数字が出ると、その数字のなかの都合のいいほうを見出しにして、悪いほうは取り上げないか、記事中で触れるだけである。

その例を挙げるると、メディアはすでに日本が貿易赤字国に転落し、その赤字がなんと3年間も続いているという大問題をほとんど無視し続けている。だから、いくら赤字が拡大しようと、次のような記事になってしまう。

２０１５年2月19日、財務省は1月の貿易統計を発表した。それによると、輸出額から輸入額を差し引いた貿易収支は1兆１７７５億円の赤字。これを『読売新聞』（２０１５年2月20日付）は、「貿易赤字は31か月連続だが、原油価格の急落で輸入額が減り、赤字幅は前年同月（２兆７９５０億円）に比べて57・９％縮小した」と書き、その見出しは、「1月貿易赤字、原油価格の急落で赤字幅6割縮小」となっていた。

この見出しだけを見れば、読者は誰もが「赤字が減ってきてよかった」と思うだろう。しかし、実際は、前月に比べたら大幅に増えているのである。

２０１５年1月の赤字額は1兆１７７５億円だが、その前月、２０１４年12月の赤字額は６６５１億円で、ほぼ倍増である。しかし、『読売新聞』記事はこれを書かず、財務省の発表どお

【図表８】貿易収支と経常収支の推移

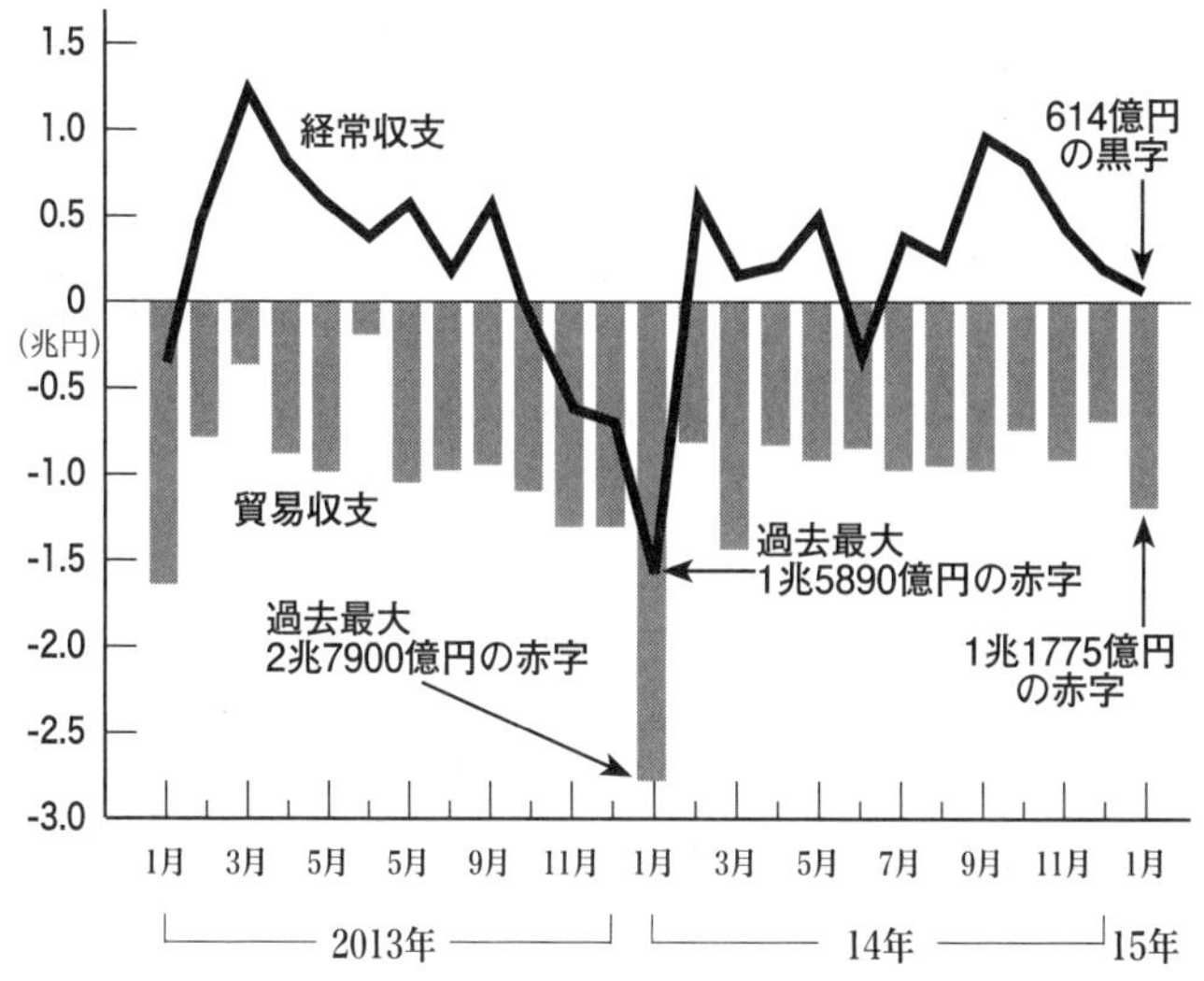

出典：財務省
注：2014 年 12 月以降は速報値

り、〝前年同月比〟だけで「赤字幅６割縮小」としていた。もちろん、前年度と比べるのは大事だが、家計でも企業会計でも前の月に比べてどうなったかのほうが大事ではないのか？

しかも、この貿易赤字にはさらに大きな問題点がある。それは、アメリカ向けは５４５４億円の黒字だが、中国向けは７３６４億円の赤字、ＥＵ向けは２２２億円の赤字であることだ。日本はもはや貿易で稼げる国でなくなってはいるが、その貿易はいまやアメリカがなければ成立しないのである。日本は中国という、これまで稼げる国を完全に失ってしまったのだ。

貿易赤字が拡大しても、経常収支が

黒字なら、国家の収支上は問題がないとする見方がある。それは、貿易収支が単なるモノやサービスの輸出入の差額だからで、もし赤字でもそれを上回る所得収支の黒字があれば、経常収支は黒字となり、国家全体の収支としては問題がないからだ。

前ページの【図表8】は、2013年からの貿易収支と経常収支の推移をグラフ化したものだ。

これを見れば日本はまだまだ海外からおカネを稼いでいるので「大丈夫」である。しかし、この経常収支においても、一時的に赤字を記録する月が出ている。2015年1月の黒字額もわずか614億円にすぎない。さらに、その黒字額も年々減り続けている。2014年の経常収支の黒字額は前年比18・8％減の2兆6266億円で、経常黒字は4年連続の減少である。ちなみに、日本の経常収支の黒字のピークは2007年の24兆9490億円。それが、2014年は2兆6266億円だから、たった7年で約10分の1に減ったことになる。

日本経済は、猛スピードで衰退している。

「円安による製造業の国内回帰」は幻想

さらに、メディアの偏向報道の例を挙げてみたい。

円安が進むにつれて、メディアはさかんに「製造業の国内回帰」という報道をするようになった。これを受けて、当たり障りのないコメントをするのが仕事の一部の評論家も、そういうことを言って日本経済が回復するかのような幻想をバラまくようになった。安倍首相も「ものづくりが日本に回帰しつつあります」「雇用がもっと増えます」と、さかんに言うようになった。

しかし、これらはすべてマヤカシだ。

2014年半ばから2015年初めにかけて、『朝日』『読売』『日経』などの大手新聞はどこも、パナソニック、シャープ、ホンダ、TDK、ダイキン工業などの日本の「ものづくり産業」が、これまでの中国中心の海外展開を見直して、国内回帰する方向だと伝えるようになった。しかし、パナソニックは中国の生産ラインを円安で採算が取れる可能性が出たので、静岡県袋井市や神戸市の工場に移転する。また、シャープは栃木県矢板市や大阪府八尾市の工場に移転するということにすぎない。

つまり、新しく工場を建てるわけではない。中国をはじめとする海外の人件費が上がり、円が安くなったので、工場の稼働率のリバランスを図ったにすぎない。既存の国内工場を再活用するだけだ。

アベノミクスが目論んだように、国内の設備に再投資しようなどというお目出度い企業などないのだ。

そんなことをしたら、このグローバル時代、命取りになる。マーケットが縮小している日本のような市場で、いくら為替が有利になったからといって、新しい生産設備を造るはずがない。企業が一時的な為替の動きを見て、長期的に雇用、償却を要求される新工場を造るなんてことがあるだろうか？

モジュール化によるものづくりが進み、3Dプリンターも普及しつつあるいま、生産は成長市場がある現地で行う「地産地消」が当たり前である。

実際のところ、いま日本企業がどんどん工場を拡充させているのは、海外ばかりである。たとえば、タイのシラチャは、ここ数年ですっかり「日本人の街」となってしまった。かつては単なる漁村にすぎなかったこの街は、いまは人口約20万人の都市となり、日本人が1万人以上暮らしている。

その理由は、近くにタイ最大のアマタナコン工業団地ほか数カ所の工業団地があり、そこに日本企業が次々に工場を造ったからだ。ソニーをはじめとする家電産業、トヨタをはじめとする自動車産業などがここに集結するようになり、最近ではスズキが進出している。その結果、シラチャには日本人学校もでき、日本料理店から生活用品店までがそろって、日本にいるのとほぼ変わらない生活ができる街に変貌《へんぼう》した。

2015年1月、トヨタ自動車の豊田章男社長は、九州で生産している高級車レクサスの生産の一部を北米に移す計画に関して、「国内回帰する考えはないのか？」と聞かれ、「われわれにそういう考えはない」と、断言した。

ただし、シャープやキヤノンはアベノミクス以前から、新製品の製造を国内生産にこだわろうとしてきた。しかし、計画された工場は、ロボット主体の無人工場である。第6章で詳述するが、ものづくりはいまや人間がやる時代から機械がやる時代に移っている。つまり、いくら製造業が国内回帰しようと、雇用は増えない。このことは、すでにアメリカの製造業で起こっている。

さらに、ものづくりを左右するイノベーションすら、いまやネットを通じたクラウド型になり、クラウドファンディングやクラウドソーシングが進展している。このようなクラウド時代の「新産業革命」に関しては、クリス・アンダーソンの『Makers : The New Industrial Revolution』（日本題は『MAKERS—21世紀の産業革命が始まる』）に詳しく書かれている。２０１２年に発売されたこの本をベースにして、オバマ大統領は２０１３年度の「一般教書演説」で、３Ｄプリンターに言及し、アメリカの製造業の復活を訴えた。

このようなことは、経済を取材する記者には周知の事実である。しかし、彼らは知っているくせに「製造業が国内回帰すれば雇用も増え、景気も回復する」というウソを書く。これでは、よほど賢明な読者でないかぎり、コロリと騙されてしまうだろう。

賃上げの恩恵を受けたのは公務員だけ

賃上げの報道にしても、同じことが言える。

2015年の春闘は、政府が経団連などにゴリ押しをしたため、2年連続で賃上げした企業が5割を超えた。しかし、これは一部大手企業だけの話だ。

それ以前、2014年の冬のボーナスも同じだ。このとき、多くのメディアは「冬のボーナスが24年ぶりの伸び」という報道をした。たとえば、「冬のボーナスは5・26%増の84万8405円、経団連が最終集計、24年ぶりの伸び」というような見出しをつけた新聞記事が多かった。

しかし、記事をよく読めば、経団連が調査したのは、東証1部上場で従業員500人以上、主要20業種大手240社にすぎない。このうち妥結した18業種172社を集計し、さらに15社は平均額不明などの理由で集計から除外していた。

つまり、24年ぶりの水準に達したのは、たった157社にすぎなかった。だから、テレビの街頭インタビューでは、多くのサラリーマンが「うちの社は違います。まったく実感がないですね」と言っていたのだ。

ところが、全員がボーナス2ケタ増になった業種がある。国家公務員である。公務員の2014年の冬のボーナスは、前年比でなんと11%以上の大幅なアップを記録したのである。さらに、公務員は4月の消費税率引き上げと同時に給与も8・4％アップしているので、アベノミクスの恩恵があるとしたら、彼らこそが真の受益者と言えるのだ。

なぜ、公務員が給与もボーナスも大幅にアップしたのだろうか？

それは、2012年度、2013年度と2年間にわたって実施されていた減額措置が終了したためだ。「わが国の厳しい財政状況及び東日本大震災に対処する必要性に鑑《かんが》み」給与減額支給措置が取られ、公務員給与は平均7・8％、ボーナスは約10％が減額されてきた。それが、2014年になって、次々に解除されたのである。

もちろん、民間も、復興のための財源を捻出するためとして、所得税や法人税に「復興特別税」が上乗せされた。これは25年間続くこととされ、その後、法人税は解除されたが、所得税への上乗せはいまも続いている。

そこで、所得税の上乗せ分を計算してみると、約3000億円である。この約3000億円という額は、じつは、国家公務員給与の削減額とほぼ一致する。

となると、公務員給与のアップは、所得税の上乗せ分をそっくり回したことになる。

私はこれまで、公務員給与は低すぎると思ってきた。国家の中枢で国家運営を担うエリートが、たとえば、45歳の本省の課長で年収が約1200万円、局長が約1800万円というのは低すぎると思ってきた。だから、彼らは天下り先をつくり、そこに天下って退職金転がしをしてしまうのだ。少なくとも、現行の倍以上の給料を払うべきだと思ってきた。しかし、キャリア官僚でない一般の公務員の給料は、民間以下でかまわない。国民に奉仕するための公務員が、民間以上に優遇されるのは本末転倒だ。

イビツな平等主義に染まった擬似《ぎじ》社会主義国家の日本では、エリートから一般職員まで全員が昇級するという、ありえないことが起こる。

こんな国の経済がはたして活力を取り戻せるだろうか?

話を戻して、大手メディアはこうした事実をあまり取り上げない。しかも官に媚《こ》びて、前記したようなスピンがかかった報道ばかりを繰り返す。その結果、記事のタイトルだけを見ている、あるいはテレビニュースだけを見ているだけの多くの国民は、アベノミクスの洗脳に染まり、経済はやがて回復するという根拠なき楽観のなかで、毎日、真面目に働かされ、国家に税金を払い続けている。

2014年4月から日本は大不況に突入した

ここではっきりさせておきたいのが、2014年12月の衆議院解散総選挙である。この総選挙は、消費税の増税(2015年10月)を先送りして行われたことから、もし景気がよくて消費増税ができる環境だったらやる必要がなかった選挙である。つまり、アベノミクスの失敗を隠し、すべてを先送りするためのものだった。だから、安倍首相は「アベノミクスは道半ば」という言葉で、選挙の大義を誤魔化したのだ。

増税は既定路線で法案も通っていた。それなのに、政府も首相も「７―９月（第３四半期）のＧＤＰ成長率を見てから決める」と言ってきた。当初、彼らはＧＤＰ成長率（年率換算）を４～５％と予想していた。民間エコノミストも、大方が消費税増税後の落ち込みから回復すると予想してきた。

官僚も政治家（与野党とも）も、そして数値だけを見ている民間エコノミストも、日本経済の実体というものをまったく知らないと言ってよい。彼らの思考は、ほぼすべて希望的観測に基づいており、企業経営者や肌感覚を優先する庶民とはまったく違っている。

ところが、10月半ばの段階で、ＧＤＰ成長率が「どうやら相当悪い」ということがはっきりしてきた。それ以前、私が取材した永田町関係者はみな「悪くても４％はあるだろう」と言っていた。それが10月半ばになり、「２％あるかないか」となり、「マイナスもありえる」となったところで、自民党政治家たちの顔色が変わった。

４―７月期がマイナス７・１％（前期比１・８％減）なのだから、「２％あるかないか」「マイナスもありえる」では、消費税増税の影響だけではすまなくなるからだ。大幅な反動減のあとは、大幅な反動増になってしかるべきだった。

【図表９】GDP成長率の推移

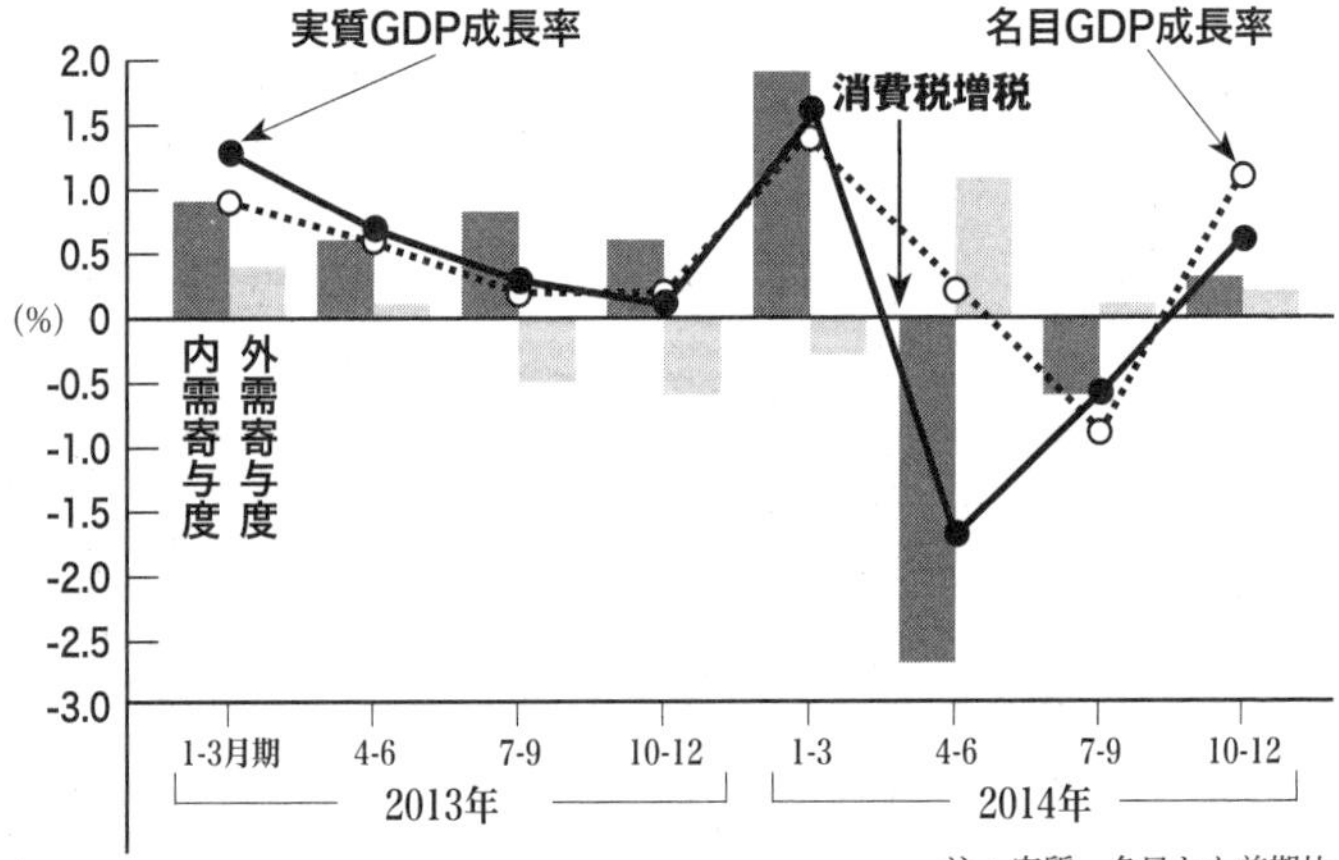

注：実質、名目とも前期比
出典：内閣府

成長率が予想以上に悪いという内閣府の報告は、密《ひそ》かに安倍首相に伝えられた。後から聞いた話だが、これを聞いた安倍首相は、「再増税は難しい」となり、解散総選挙を即座に決断したという。こうして10月末には、官邸において解散総選挙は既定事実になった。

２０１４年７―９月期のＧＤＰ速報値が発表されたのは、11月17日である。その数値は、予想をはるかに超えた惨憺《さんたん》たるものだった。なにしろマイナス成長、それも前期比年率換算マイナス１・６％（前期比０・４％減）である。その後、これは、12月８日の確定値発表で、マイナス１・９％（前期比０・５％減）と下方修正された。

速報値が発表された直後から、株価は大幅に下落した。日経平均株価の終値は、前週末比５

17円安の1万6973円と、当時節目とされた1万7000円をあっけなく割り込んだ。

こうなると、メディアは普通なら「不況突入」と書かなければならない。第2四半期が前期比年率換算でマイナス7・1%、第3四半期がマイナス1・6%（確定値マイナス1・9%）と2期連続でマイナスなのだから、これはどこから見ても「不況」だ。日本は消費税の増税をした2014年4月から、景気が腰折れして、大不況に陥っていたのである。

しかし、「日本経済は不況に突入した」と書いたのは、海外メディアだけだった。

【図表9】は、2013年からの四半期ごとのGDP成長率の推移をグラフ化したものに、実質内外需寄与度を加えたものだ。日本経済は外需より内需の寄与度が高いが、2014年4月以降の内需の落ち込みがいかにひどかったか、一目瞭然である。

内需がここまでひどいのを「不況」と呼ぶのに、異論はないだろう。

運がいいだけなのに強気を崩さない首相

安倍首相というのは不思議な運の持ち主である。

ここまで不況が進めば、普通なら支持率は下がる。なにしろ、アベノミクスの失敗が明らかになりつつあったからだ。円安が進み、それにともなう輸入物価の上昇で庶民生活は苦しくなっていた。

ところが、原油の急落がそれを帳消しにしてしまった。1バレル100ドルが当たり前だった原油価格は、年末までに50ドルまで急落し、年が明けると50ドルを割り込むことまで起こった。これで輸入物価の高騰は避けられ、日本の貿易赤字の拡大も一時的に止まった。

原油安がアベノミクスの失敗を覆い隠してしまったのである。その結果、街角景気は悪化しているのに、10—12月期のGDPはマイナス成長を免れ、年率換算でプラス2・2%（2015年2月6日内閣府発表の速報値、改定値はプラス1・5%）となったのである。

安倍首相の2015年の「年頭所感」は、強気一辺倒だった。彼は次のようなことを次々に言い放った。

「（年末総選挙で）信任という大きな力を得て、今年はさらに大胆にスピード感を持って改革断行の1年にしたい」「今年も経済最優先で政権運営にあたり、景気回復の暖かい風を全国津々浦々に届ける」「（今年は戦後70年の節目）日本は先の大戦の深い反省のもとに平和国家として世界の平和と繁栄に貢献してきた」「私たちが目指す国の姿を世界に発信し、新たな国づくりへの力強いスタートを切る1年にしたい」

こうしたムードのなか、各メディアは年頭に当たり、恒例の「今年の予測」を公開した。

それらを総合すると、《株価は2万円、円は1ドル120円～130円の範囲内で円安基調は続く。給料は、経団連も首相の要請を受けベアアップを視野に入れたから上がる。ただ、輸入物価も上がるので、生活は多少苦しくなる。それでも、景気は回復していくので、去年よりは明るい年になるだろう》といったところになる。そして、取って付けたように《アベノミクスの真価が問われる1年になるだろう》と結んだのだ。

あなたは、このような〝予測の体《てい》をなしていない予測〟を信じられるだろうか？

第2章で述べたように、アベノミクスは単なる「金融詐欺」「財政詐欺」である。簡単な話、自由主義、資本主義において、政府がよけいなことをすればするほど、経済は悪化する。大胆な金融緩和とか、バラマキとか、そんなものは一時的なカンフル剤にすぎず、やりすぎると実体経済を悪くするだけだ。

起きたことがない「4年連続円安」が起こる

市場に参加している賢者たちは、こうしたことをよくわきまえている。メディアの予測とはまったく違う見方で日本経済を見ている。２０１５年の年頭、私はあるファンドマネージャーから次のような話を聞いた。

「今年は、これまで当たり前とされてきたことが崩れるでしょうね。〝円安が進めば株価は上昇する〟〝企業業績が改善すれば株価は上昇する〟ということは、もう起こらないと考えたほうがいいと思いますよ。

起こるのは〝円安・株高〟ではなく、〝円安・株安〟。〝企業業績改善・株価下落〟ではないですか。なぜこうなるかと言えば、円安と株価が連動しているというのは、最近だけの話であって、それは錯覚にすぎないからです。企業業績の改善は一部大手だけで、それも円安がもたらしているのだから、そうした企業の株価だけが上がっても、全体では下落圧力のほうが強い。政府は官製相場でこの下落を必死に抑えようとするでしょうが、やがてそれも限界がくると思いますね」

彼はこう言って、次のシンプルな数値を示した。これは、アベノミクスが始まってから、円安と日経平均、企業業績がどうなったかをまとめたものだ。

2012年　円11・8％下落　日経平均22・9％上昇　企業業績7・8％下落
2013年　円22・3％下落　日経平均56・7％上昇　企業業績9・8％上昇
2014年　円13・6％下落　日経平均7・1％上昇　企業業績34・7％上昇

「たったこれだけでわかるのは、企業業績のアップと比較して、株価のアップはスローダウンしていることです。円安は進んでも株価は以前よりアップしなくなったことです。つまり、株価はすでに、円安とも企業業績改善とも連動しなくなっています。2013年と

14年は大幅な円安が起こったので、円安と企業業績改善は連動しました。

しかし、今後の円安は2014年ほど激しくならないとすれば、日本企業の業績はもうこれ以上は改善しないでしょう。

たとえばトヨタの株価は、リーマンショック前の2007年がピークでした。アベノミクスが始まってたしかに株価は上がりましたが、まだピークまで戻していません」

2012年からの3年間で、円は約50％も安くなった。ちなみに、2015年も円安が続けば、ドル円相場は4年連続で「ドル高・円安」になる。これは、日本が変動相場制移行後1度も起きたことがないことだ。しかし、「それが起きる」と彼は言った。

「量的緩和も限界で、しかも景気が回復しないとなれば、円はもう円高基調にはならないでしょう」

ここで、日々のメディアの景気報道から離れて、日本の根本問題とはなにか？　と、もう1度考えてみてほしい。

日本の根本問題は、1、「人口減」「少子化」「高齢化」2、「国内産業の競争力喪失」3、「産業の構造転換の失敗」4、「教育改革の遅れ」にある。この4つを、金融・財政政策で解消できるなどというのは、頭がお花畑と言うしかない。なんといっても、これを経済学者やエコノミストの知恵で解消できるはずがない。

つまり、政府が本当に日本の将来を考えるなら、この4つをなんとか解決するための「構造改革」を大胆に実行し、国民に痛みがあっても「我慢しろ」と言い続けなければならない。日本政府はそれをやっているだろうか?

「格差解消」でピケティを礼賛するメディア

2015年が明けて、街角の景況感はさらに悪化した。国民に閉塞感《へいそくかん》が募《つの》るなか、メディアがこぞって飛びついたのが、『21世紀の資本』の著者で、フランスの経済学者のトマ・ピケティ教授の言論だった。

大手新聞はどこも彼のインタビューを掲載し、本人も来日して、テレビの報道番組をはじめとする主要メディアに出まくった。講演会には人が押し寄せ、大盛況となった。

ピケティ教授の主張を簡単にまとめると、「現代は富の格差が拡大して、平等が失われている。それを解消するためには、政府が富裕層への課税を強化し、各国は国際的に協力していくべきだ」ということになる。

〝格差〟と〝平等〟が大好きな日本のメディアは、こう言われると、庶民の味方という正義の看板から、必要以上にこれを強調する。ピケティ教授の本の本質などはおかまいなしに、そのおいしいところだけを取り上げる。

次は、『朝日新聞』（2015年1月1日付）が掲載したピケティ教授のインタビュー記事からの抜粋だ。

「日本は欧州各国より大規模で経済的にはしっかりまとまっています。一つの税制、財政、社会、教育政策を持つことは欧州より簡単です。だから、日本はもっと公正で累進的な税制、社会政策を持とうと決めることができます」

「インフレ率を上昇させる唯一のやり方は、給料とくに公務員の給料を5％上げることでしょう」

「私は、もっとよい方法は日本でも欧州でも民間資産への累進課税だと思います。それは実際にはインフレと同じ効果を発揮しますが、いわばインフレの文明化された形なのです。負担をもっとうまく再分配できますから」

これは、欧州、とくにルソーを生んだフランス左翼の典型的な考え方だ。明らかな左翼インテリの空想論ではないだろうか？

「人間は生まれながらに平等」という考え方は正しいとしても、それを突き進めたことで、結果的に共産主義による大格差社会を生み出したという反省が、彼にはあまりないようだ。

ピケティ本は、700ページにも及ぶ経済の専門書であるにもかかわらず、ベストセラーになった。ピケティ本といっしょに、「資本主義が終焉する」という主旨の本も売れた。正月のNHKの番組でも、「資本主義は終焉するのか?」という討論会が組まれた。

ここで言いたいのが、このピケティ教授の主張や資本主義の終焉を唱える人々の主張は、資本主義市場で富を得ようとする人々(つまり私たち自身)にとって、まったく役に立たないということだ。

とくに彼らの主張に乗っかって、格差解消を唱える学者や政治家の言い分は聞いてはいけない。ピケティ本を「格差社会ニッポンへの警鐘」などと礼賛する日本のマスコミの主張も聞いてはいけない。

そんなことは、投資の賢者たちなら無視するだろう。とくにアメリカでは、投資家たちは現実主義でものを考えるので、ピケティはそれほど評価されていない。

投資も経済も、理想主義では動かない。「ロジック・オブ・イベンツ」(事実の論理)で動く。オバマ大統領は2015年の「一般教書演説」で、格差解消について言及し、富裕層課税の強化を提案した。しかし、これは共和党が議会を抑えているから実現しないだろう。

格差解消論者は、さもそれが正しいこととし、政府による富の再配分を主張する。しかし、それは貧しい者をますます貧しくするだけだ。政府が国民生活に介入し、格差を是正することで、幸せになれるなどというのはフェイクストーリーである。

これをやると、結果的に「大きな政府」ができ、国民の自由は失われる。資本主義のダイナミズムは失われ、全員が貧しくなる。

ところが、いまの日本は、メディアの言論にしても、専門家、政治家が唱える政策にしても、どうやらこちらの方向に向かっている。

政治力で「格差解消」をするとどうなるか？

私はこれまで、富裕層や投資家に取材し、何冊かの経済本を書いてきたが、日本では、ピケティ教授が言うような上位１％に富が集中するというような格差はそれほど起こっていない。むしろ、問題にしなければいけない格差は、公務員と一般労働者の賃金格差の拡大、正社員と非正規社員の賃金格差の拡大だ。さらに、年金問題に見られるような、世代間格差の拡大である。

これらの能力以外でもたらされる格差は解消すべきである。しかし、上位層の富を下に移し替えるなどということはしてはならない。

それは、政府によるドロボー行為だ。私が富裕層課税の強化、所得税の累進課税の強化などに反対するのは、そうすると、社会が柔軟性を失うからだ。

また、いまのグローバル資本主義では、そうすれば富は国外に流出し、国内はどんどん貧しくなる。とくにこの日本では、今後円安が進み、いずれ、内外と金利差が開けば、「資産フライト」が大規模に起こる。富裕層は資産を持って国を出ていってしまう。格差解消のターゲットとなる富裕層はいなくなってしまうのだ。すでに、アベノミクス以前の円高局面から、この現象は加速化している。

「富裕層だけがますます豊かになり庶民は貧しくなる」「大企業だけが儲かり、中小は儲からない」「大企業は内部留保を吐き出すべきだ」という言論は、だいたいが嫉妬《しっと》から生まれている。これをメディアは巧みにスピンし、大衆受けを狙《ねら》う。しかし、いくら富裕層からお金を取り上げ、それを下流層にバラまいても、格差はなくならない。政治的に中間層を増やすことはできない。

そもそも格差が開くことのなにが問題なのだろうか?

昨日の貧困層は明日の貧困層ではない。昨日の富裕層は明日の富裕層ではない。社会に「機会の平等」が保障されていれば、人々は階層を自由に移動できる。下から上に昇る者も出れば、上から下に転落する者も出る。

格差というのは、アメリカならアメリカ、中国なら中国の国内の問題で、グローバルに見ると格差は縮小している。中国やアジアの貧困はほぼ解消された。アフリカの極貧もいずれ克服されるだろう。

これは、政府が介入して、富の分配を変えたからではない。グローバル資本主義のダイナミズムで起こったことだ。日本企業は、海外に生産拠点を移し、移転先の国の格差解消に貢献している。

一国のなかで格差を政治力で失くそうとすれば、でき上がるのは共産主義社会である。つまり、権力者だけが大金持ちになるという超格差社会だ。こうなると、貧困層は2度とお金持ちにはなれない。

ならば、現在の「格差社会」のほうが、よほどチャンスがある。私たちが問題にしなければいけないのは、「機会の不平等」のほうである。政府はそのために、努力し続けなければならない。格差解消を税金で行おうとするのは、政治家の思い上がりだ。

資本主義において投資というのは、格差解消のための1つの行為である。

メディア幹部は安倍首相の「食事トモダチ」

もう周知の事実になっているが、安倍首相はメディア幹部との「会食」「ゴルフ」を楽しんでいる。新聞の「首相動静」欄を調べた知人の記者がカウントしたところ、2013年1月から2015年1月までに60回以上に上っている。

毎月3回はメディア幹部と懇談していることになる。こんな首相は前代未聞だ。前代未聞と言えば、私は国会で野次を飛ばす首相を初めて見た。これまで私は、首相というのは野次を飛ばしてはいけない存在だと頑《かたく》なに信じてきた。しかし、メディアはこのことを全然、問題にしなかった。

新聞、テレビとも番記者がいる。ならば、取材は彼らにまかせればいい。幹部や論説委員、社長らが首相と会食、ゴルフをする必要はない。

ところが、首相との会食、ゴルフに複数回出かけているメディア幹部がいる。突出しているのが、『読売新聞』の渡邉恒雄《わたなべつねお》会長とフジテレビの日枝久《ひえだひさし》会長だ。この2人は、もはや首相の「食事トモダチ」と言っていい。会食場所はだいたい決まっている。以下、首相と彼らがよく行く店を列記してみよう。

和田倉（日本料理、パレスホテル東京）、雲海（日本料理、ANAインターコンチネンタルホテル東京）、アークヒルズクラブ（会員制クラブ、赤坂・アーク森ビル）、オテル・ドゥ・ミクニ（フランス料理、新宿区若葉）、溜池山王聘珍樓《へいちんろう》（中華料理、永田町山王パークタワー）、赤坂璃宮《りきゅう》（広東料理、赤坂）、レセゾン（フランス料理、帝国ホテル）、千代田（日本料理、ホテルグランドパレス）、赤坂ジパング（永田町、赤坂エクセルホテル東急）、下関春帆楼《しゅんぱんろう》東京店（日本料理、平河町）、山里

（日本料理、ホテルオークラ東京）、銀座うかい亭（鉄板焼き、銀座）、錦水（日本料理、ホテル椿山荘東京）、レストランクレッセント（フランス料理、芝公園）……。

というわけで、いずれも一流店だが、ホテル内の店が多い。永田町、赤坂界隈《かいわい》が中心なのは言うまでもない。こうした店で、長いときは２〜３時間を首相は大メディア幹部と食事をして酒をたしなんでいる。

ソーシャルメディアの活用と政府広報予算の膨張

安倍政権になってから、政府の広報戦略は大きく変わった。その１つは、ぶら下がり会見を一切止《や》めて、メディアごとの単独インタビューを重視するようになったことだ。こうすると、インタビューに応じることにより、そのメディアに恩義を着せることができ、政府の要望をそのまま流すことが可能になる。

また、ぶら下がりを止めて官邸が重視したのは、ソーシャルメディアの積極活用だった。安倍首相は軸となる公式ウェブサイトに加え、「LINE」「Facebook」「Twitter」「YouTube」の４つのソーシャルメディアを活用して、毎日のように情報を発信している。

これは、NTT広報部の報道担当課長の経験を持つ世耕弘成《せこうひろしげ》官房副長官が、既存メディアを介在しなくても世界に情報を直接発信できると提案したからである。

ユーザーが驚いたのは、2013年9月の東京オリンピック招致決定が、首相官邸のLINEアカウントを通じて直接発信されたことだ。

「安倍晋三です。朝早くにすみません。ブエノスアイレスより速報です。つい先ほど、東京が2020年の五輪開催地に選ばれました！　本当にうれしい。この心からの喜びを、皆さんとともに、分かち合いたいと思います」

こうして、国民は知らず知らずにナショナリズムをかきたてられ、政府がしていることに疑問を持たなくなる。現在、官邸のLINEアカウント数は約350万とされ、首相の「お友だち」の数は増え続けている。

ソーシャルメディア戦略の拡充とともに、官邸は既存メディア対策も拡充させた。これは、安倍首相になってからの「政府広報予算」の異常な膨張に端的に表れている。

2015年度の政府広報予算案は83億4000万円。前年度の65億3000万円から18億1000万円と、なんと3割近くも膨れ上がった。民主党の野田政権時代の2012年度の政府広報予算は40億6900万円だった。それが、安倍政権に代わった2013年度に43億9900万円に増加し、2014年度は「消費税への国民の理解を深めるため」（政府広報室）として一気に約48％アップされて65億3000万円になった。こうして、2015年度予算案では、とうとう

80億円台を突破したのである。歴代政権でこれほど巨額の広報予算を組んだ政権はない。

当然だが、この広報予算の大半は、新聞広告やテレビCMのかたちで既存大手メディアの手に渡る。そして、既存大手メディアの幹部たちは、安倍首相と頻繁に会食やゴルフ歓談を重ねている。

市場を歪《ゆが》め続けた先にあるものとは？

２０１５年の正月、安倍首相が強気の「年頭所感」を述べたのと同じとき、天皇陛下も恒例の「年頭所感」を宮内庁を通じて文書で公表された。

２０１５年といえば、戦後70年の節目に当たることから、天皇陛下の言葉は次のようにつづられていた。

「この機会に、満州事変に始まるこの戦争の歴史を十分に学び、今後の日本のあり方を考えていくことが、今、極めて大切なことだと思っています」（宮内庁発表談話）

この言葉を素直に受け取れば、天皇陛下は「先の戦争から教訓を学びそれを今後に活かしていく」ことを望んでいる。これは日本国民全員の願いでもあるだろう。しかし、いまの日本ははたしてそうなっているだろうか？

安倍首相と自民党政権は、満州事変以来、泥沼の戦線拡大を続けてついに国を滅亡させた戦前の政権と同じ道をたどっている。常に短期でしか政策を考えず、２０１５年も前年より減らしたとはいえ大量の国債を発行し、史上最大額の予算を組み、３・５兆円規模の補正予算まで組んだ。

このやり方は、昔の日本軍が繰り返した短期決戦と同じだ。戦前の日本は長期的な戦略を持たず、中国でも、アジアでも、太平洋でも、その都度、短期的な作戦を積み重ねただけだった。その結果、矛盾は拡大し、収拾がつかなくなって、致命的な破局を招いた。

同じく、バブル崩壊以後の自民党政権は、常に短期的なバラマキを繰り返し、金融と財政を操作して市場を歪め、いまなおそれを続けている。

アベノミクスも、それによる異次元緩和も、結局は同じ発想である。とくに、異次元緩和は自由な金融市場を圧迫し続けているので、よほど明確な出口戦略がないと、収拾がつかなくなるだろう。

このような状況下で一般人ができることは、かぎられている。私たちは、政府ではなく民間経済の底力を信じて、景気回復まで生活を切りつめてじっと耐える。そしてその間、政府にこれ以上無駄な金融・財政政策をやらせないようにする。つまり、政府に徹底的に財政削減させる。これが、膨大な赤字を抱えて財政破綻の恐れのある国で、国と国民が取るべきもっとも賢明な道だろう。

しかしおそらく、いまの与野党では、そんなことができるわけがない。

となると、今後来る通貨価値の下落による「円安」と「インフレ」を回避するためには、円を離してしまうしか選択肢がなくなってしまう。円資産は、生活に必要なもの以外は全部、ドル建ての実物資産かドルに換えてしまうことだ。

今後、大部分の日本の資産（株や土地から金融資産）は目減りする。地方はますます疲弊する。これが行き着くところまで行くと、残念だが日本のバーゲンセールが始まる。

そうなったとき、海外に逃がして保全された資産で、これを買い戻せばいいと資産家たちは考え、実際、そうした行動を取っている資産家は多い。彼らは、アベノミクスが始まる以前から、このような回避行動を起こしている。また、先を見るのに敏感な若者や起業家たちは、仕方ないと諦《あきら》めて、国外にどんどん出ていっている。シンガポールをはじめとした先進オフショア国の日本人移住者の数は増え続けている。

こうした出国者の激増に対して、政府は対策を取り始めている。それが「出国するなら資産を置いてけ」という「出国税」（exittax）の導入だが、この件に関しては後半の章で詳述する。この世界には、日本とは真逆な、人口が増え、経済が成長していく若い国家、自由な資本主義を続けている先進国はいくらでもある。

このように見てくると、いまの日本の情報空間がいかに歪んでいるかが理解できたと思う。

だから、賢明な個人投資家は「なにが報道されているかより、なにが報道されていないか」に、注意を払っている。そして、目先のリターンを求める短期投資家、デイトレーダーは、つくられた官製相場に乗ってギャンブルを続けている。

「効率的市場仮説」(efficient market hypothesis) に従えば、市場参加者 (プレーヤー) はほかの誰かを出し抜いて儲けることはできない。株式市場は常に効率的であり、つまり、効率的とは、公開されている情報がすべて株価に織り込まれていることを指すからだ。つまり、誰もが公開された情報で市場に参加しているなら、株価は常にランダムウォークになる。したがって、この仮説では、株は常に正しい値段で取引が行われており、新しい材料も一瞬にして株価に反映される。株価が変動する要因は、新しい事実が公開された場合だけとなる。

つまり、将来の株価を予測することはまったく不可能になるのだ。では、日本市場でこれが起こっているだろうか? 誰もが本当の情報に基づいて動いていると言えるだろうか?

第4章

これまでと違う「円安の正体」

中国人観光客は増えても出稼ぎ中国人は帰国

いま、東京の銀座を歩くと中国人観光客ばかりが目につく。新宿でも秋葉原でも上野でも同じだ。彼らは日本で「爆買い」をして楽しんでいる。デパートから高級ブランド店、家電店、ファストファッション店まで、幅を利かせているのは中国のデビットカード「銀聯《ぎんれん》カード」(China Union Pay)で、これらの店の免税窓口には中国人の行列ができている。

円安が進めば、こうした光景はさらに日常茶飯事になる。人民元はドルに限定的にペッグされているので、円は人民元に対しても安くなり、中国人にとっては、北京や上海で人民元を使うより、日本に来て円に替えて使ったほうがはるかに使い出がある。

すでに、北京や上海の物価は、一部で日本の物価を上回っている。一流ホテルのコーヒー代は東京を上回り、日系コンビニのおにぎりの値段も日本と変わらなくなってきている。

こうなると、中国人観光客は増えても、日本に働きに来ている中国人はどんどん帰国する。円安とは、円で給料をもらうと貧しくなるということだから、中国からの出稼ぎ労働者の懐は寒くなる一方だ。彼らは円で稼いでそれを仕送りするが、人民元に交換したとき、それは以前に比べると大幅に減価している。こうなると、これまで稼ぎの2割を仕送りしていたとしても、その価値は大幅に減る。さらに、彼らと同じような仕事をしている中国国内労働者の賃金と日本での稼ぎが同じになれば、日本で働く意味がなくなる。

やがていつか、いまコンビニや飲食店で働いている中国人は1人残らずいなくなるだろう。もし、円安がさらに進み、円がいまの半分の価値しかなくなったら、日本が求めている「移民」（出稼ぎ労働者）は、この国に1人もやって来なくなる。この状況を歓迎する人々もいるだろうが、それは日本人自身が貧しくなることと同義である。

通貨が高くなった国からは、海外旅行を楽しむ観光客が溢《あふ》れ出す。逆に安くなった国からは海外旅行客は減る。すでにその兆候は表れている。

２０１４年～２０１５年にかけての年末年始の海外旅行客は、約1割も減少した。日並びがよくて9連休も見込めたのに、海外旅行客は減った。ＪＴＢがまとめた旅行動向によると、マイナスは5年ぶりのことと言う。

しかし、それでもマイナス幅はまだ少ないほうだ。

というのは、原油価格が大幅に下がったことで、燃油サーチャージが下がったからだ。ＪＡＬやＡＮＡは過去2カ月間の平均で決めているが、この平均価格が1バレル60ドル未満となれば、サーチャージはゼロになる。

しかし、円安が進めばサーチャージ効果もなくなるし、原油はいつ上がり出すかもわからない。もし、原油が上がり円安も進むとなれば、庶民にとって海外旅行は高嶺《たかね》の花となるだろう。

物価の上昇、円安倒産で庶民生活は困窮化

日本のように、エネルギー、食糧、生活関連物資の多くを輸入に頼っている国にとって、円安は物価に直結する。2014〜2015年にかけて、多くの食料品が値上げされた。カップ麺やチーズ、かまぼこ、ワイン、サケなどの輸入魚類などの値上げラッシュが続き、牛丼の吉野家やすき家も牛肉高騰で、牛皿やカルビ丼などを値上げした。

1ドル80円と120円では、輸入品価格は、原価にもよるが、一般的に1・5倍になる。もし160円になれば、2倍である。いくらインフレターゲティングとはいえ、物価が2倍では庶民生活は耐えられないだろう。

2000年代になって年間平均で円がいちばん安かったのは、2002年の125・39円である。1990年代でも、1990年の144・79円が最安値である。つまり、1ドル150円を超える円安は、この25年間経験したことがなかったわけで、そうなった場合の私たちの暮らしは相当貧しくなるだろう。

もちろん、インフレとともに給料が物価上昇分と同じように上がれば、ダメージは少なくなる。しかし、そうなる保証はない。まして、それは国内だけの話で、ドルで見た場合は、その分大幅に貧しくなる。

円安、円高はどちらも物価や暮らしに大きく影響する。企業活動にも大きな影響がある。ではどちらがいいのかと言えば、いまの日本の経済構造から見て適度な円高のほうがプラス効果は大きく、１ドル１２０円を超える円安はマイナス効果のほうが大きい。

現在の日本の産業構造から見れば、円安はとくに中小・零細の輸入企業を直撃するので、「円安倒産」が激増する。もちろん、円高でも企業倒産は起こるが、それは円高が急激に進んで限度を超えた場合だ。前回の円高は、２００８年のリーマンショック後に起き、当時１２４円台だった円は２０１１年10月にかけて約49円下落した。そのため、輸出企業を中心に販売不振・受注減が広がり、「円高倒産」が激増した。帝国データバンクの集計によると、当時の倒産企業の負債総額は９兆４０２億円である。

一方、現在に続く円安は円高のピーク時から約40円の下落で、円高が進んだ前回の４年間と比較すると、なんと約2年間という短さで進んできた。

こうなると、企業の対応は間に合わないケースが多く、円安倒産は激増する。すでに２０１４年末時点で、円安倒産の件数は前回の円高倒産の件数を上回った。円高倒産がピークだった２０１１年の件数は85件。これに対して２０１３年の円安倒産の件数は１３０件、２０１４年は11月までで３０１件だから、円安倒産は円高倒産の3倍以上に達した。

このように為替変動は、その変動が速いほど大きな影響をもたらす。そこで、さらに円安が進み、それが常態化すれば、多くの中小・零細企業が潰《つぶ》れていくだろう。それは真綿で首を絞められるようなものだ。

街には失業者が溢れ、たとえば東京の日比谷公園では、失業者のための「炊き出し」に行列ができるようになるかもしれない。

失業は免れても、庶民生活は困窮を極めていく。それは、電気料金などの公共料金、健康保険などの社会保険が軒並み値上げを余儀なくされるからだ。これに増税と年金の減額が襲いかかれば、高齢者の生活も立ちいかなくなる。

こうした状況は私たちが経験したことのないことだ。つまり、円安が進めば歴史は逆回転し、高度成長時代の日本と正反対の日常が常態化していく。

過去の為替予測はすべて外れてきた

ところで、ここで大きな疑問がある。円安はアベノミクスによって人為的に引き起こされたのか？　円安の原因ははたしてアベノミクスの金融政策だけなのか？　ということだ。

そこで、円高から円安に転換した時点で、エコノミストたちはどのようにこの変動を捉《とら》えていたのかを検証してみたい。

円がドルに対して史上最高値をつけたのは、何度も述べてきたように、２０１１年10月のことである。２０１１年10月31日、円は史上最高値1ドル75円32銭をつけた。２０１１年は東日本大震災があった年だが、1年を通して円高の年だった。年間平均でも約79円である。そして、翌２０１２年も70円台を続け、約2年間、史上稀《まれ》に見る円高が続いた。

このとき、前述したように「50円になる」と言った極端なエコノミストもいたが、大方の見方は、円高基調は続くだろうということだった。

では、この4年間のエコノミストたちの予想を振り返ってみたい。私は、毎年暮れに『ロイター通信』や『日本経済新聞』、主要経済誌などのメディアが行う「来年の相場予想（株価と為替）」をチェックし、1年後、それが当たっているかどうか検証している。そうしてわかったのは、残念ながら彼らの予想がほとんど当たらないということだ。

そこで、よくメディアに登場するエコノミスト十数人から、類似する予想パターンを３つに絞り、A氏、B氏、C氏という3人の架空エコノミストをつくってみた。そうして、この３氏の予想を比較してみることにしたい。こうしないと本人が特定できてしまうので、あくまで架空の3氏ということで、以下、見ていただきたい。

多くのエコノミストたちは、ズバリいくらになるのかではなく、「来年1年間、上下何円の範囲で相場が動くか」を予想する。この範囲を「値幅」（レンジ）と呼んでいる。

■2011年予想
＊予想時点2010年12月の平均為替相場＝1ドル83・42円
A氏：78円〜88円（値幅10円）
B氏：82円〜90円（値幅8円）
C氏：80円〜94円（値幅14円）
＊2011年12月の平均為替相場＝1ドル77・85円

2011年1月平均は82・61円。その後ずっと円高が進み、ついに70円台に突入し、12月平均は77・85円で終えた。したがって正解は「82・61円〜77・85円（値幅4・76円）」。ほぼ誰も、円高が進んで70円台になるのを予想していなかったことになる。

ちなみにこの年の株価は、大納会終値で8455円35銭を記録。大納会の終値が8500円を下回るのは1982年（8016円67銭）以来、なんと29年ぶりのことだった。じつは、この株価予想も誰1人として当てていない。

■2012年予想
＊予想時点2011年12月の平均為替相場＝1ドル77・85円

A氏：75円〜80円（値幅5円）
B氏：75円〜82円（値幅7円）
C氏：68円〜86円（値幅18円）
＊2012年12月の平均為替相場＝1ドル83・57円

2012年1月平均は76・93円。民主党政権の迷走が続いていたにもかかわらず、円高基調は変わらず、12月に安倍政権が誕生してやや円安に振れたが、12月平均は83・57円で終えた。正解は「76・93円〜83・57円（値幅6・64円）」。3氏ともだいたい当てているが、これは前年の反省から「この円高は続くだろう」と考えた結果だろう。しかし、円高は2012年後半に終わる兆候を見せ始めた。

■2013年予想
＊予想時点2012年12月の平均為替相場＝1ドル83・57円
A氏：82円〜92円（値幅10円）
B氏：78円〜86円（値幅8円）
C氏：82円〜95円（値幅13円）

＊2013年12月の平均為替相場＝1ドル103・41円

2013年1月平均は89・16円。その後一気に円安が進み、4月に日銀の「異次元緩和」が始まると5月には100円を突破して100円台が定着、12月平均は103・41円となった。正解は「89・16円〜103・41円（値幅14・25円）」。「異次元緩和」は予想できなかったとはいえ、3氏とも大外れだ。

■2014年予想

＊予想時点2013年12月の平均為替相場＝1ドル103・41円

A氏：100円〜106円（値幅6円）

B氏：95円〜110円（値幅15円）

C氏：98円〜120円（値幅22円）

＊2014年12月の平均為替相場＝1ドル119・31円

2014年のドル円相場は1月平均103・95円から始まった。そして、10月の日銀の「異次元緩和第2弾」を受けて、12月平均では119・31円を記録した。つまり、正解は「10

3・95円～119・31円（値幅15・36円）。C氏の上限値は当たっているが、それは値幅を広げただけのこと。3氏ともまだ、円高になる可能性も捨て切れていない予想をしているので、ここでも予想が当たったとは言いがたい。

このようにエコノミストたちの予測はほとんど当たらない。その理由は、彼らが過去1年間の相場の変動率を見て、その値を参考にして翌年1年間の変動率を予想するからだろう。彼らは常に「相場はどちらに動くかわからない。しかし、大きく外すと沽券《こけん》にかかわる」と考えている。

だからある年の変動率が10％なら、翌年もその範囲で予想する。

相場のバラツキは、「予想変動率×Nの平方根」という確率を基にした式で求める。Nというのは、N年後ということ。つまり、予想変動率が10％で1年後にどうなるかは、「10％×1（1の平方根）＝10」で、10％となる。そこで、現在の相場が1ドル100円なら、1年後はここから上下10％の範囲となり、2014年の場合は2013年12月が約103円だったから、ここから上下10％の範囲となる。この方式で導いた数値をそのまま使って予想するエコノミストが多い。

こうして彼らの予測は、実体経済や政治的な動きとほぼ関係なくなるのだ。その結果、20

13年に一気に進んだ円安に関しては、「想定外」のことになった。ただ、日銀の異次元緩和は〝バズーカ砲〟と言われたのだから、予想が外れるのも仕方がないとも言える。

この世に、本当に儲けている相場師がいるなら、その相場師の頭のなかはエコノミストの頭のなかとはまったく違っていると言っていいだろう。相場師は市場のセンチメントをより重視し、さらに、実体経済、政治の動きに関して細心の注意を怠らない。

アメリカ国債を買い増し続けた日本

2013年に大幅な円安が進んだ理由を、アベノミクスの異次元緩和以外に求めることができる。

もちろん、こうしたことは後になってみないとわからない。たとえば、アメリカ財務省は、この年の9月17日に7月の国際資本統計（対米証券投資統計）を発表している。

この発表資料を報道で知ったある投資家は、7月末時点の日本のアメリカ国債（短期国債を含む）保有額に目を見張った。なぜなら、日本のアメリカ国債保有額は前月比で520億ドル（4・8％）も増え、総額で1兆1354億ドルにも達していたからだ。これは、統計がさかのぼれる2000年以降で最高額だった。

つまり、アベノミクスが始まってから、日本はアメリカ国債をどんどん買い増していたのだった。

この買い増しによって、日本はアメリカ国債の保有高で、中国を一時的に逆転した。アメリカ国債の主要な買い手は日本と中国およびサウジなどの石油輸出国である。

ところが、中国はリザーブ（外貨準備）に占めるアメリカ国債の保有率を引き下げ、当時、約35％まで下げていた。しかし、日本は、なんとリザーブの70％をアメリカ国債で持っていた。これでは、円が安くなるのは当然である。

それから約1年半後、2015年4月15日にアメリカ財務省が発表した対米証券投資統計によると、2015年2月末時点の日本のアメリカ国債保有高は1兆2244億ドルで、当時からさらに約1000億ドル増えていた。これに対して中国は1兆2237億ドルで、日本は中国を完全に抜いて7年ぶりに首位となった。

日本のアメリカ国債買い増しは、こうして見ると年間約500億ドル程度である。2013年に約500億ドル、そして2014年にもまた約500億ドル買い増したと考えられる。

そこで、これを1ドル120円で換算すると6兆円だから、消費税を3％引き上げて得られた税収とほぼ同じである。日本は消費税を引き上げて、それをそっくりアメリカに上納したとも言えるのだ。

このように、円はドルの補助的通貨であり、アベノミクスによる円安は、日本がアメリカに恭順の意を示した結果かもしれない。陰謀論者なら、このことをことさら大きく取り上げるだろう。しかし、賢い投資家はただ現実を見るだけだ。

今回の円安はこれまでの「循環円安」とは違う

さて、話を戻すと、今後もエコノミストの予想は外れ続けると見て間違いない。それは、今回の円安が、専門家が予想の基盤とする方法では得られない結果となったからだ。

つまり、日本の実体経済がどうなっているのか？　日米の経済はどうなっているのか？　それを見たうえで、今後を判断するしかない。本来、変動相場制では、これが当たり前だ。

1971年のニクソン・ショックにより、世界は変動相場制に移行した。この制度では、為替レートの調整によって各国の対外不均衡が是正されるとされた。為替は実体経済に即して動き、動くことで全体の経済は活性化していくということで各国は合意したのである。

1985年9月のプラザ合意では、先進国5カ国（日・米・英・独・仏＝G5）が、アメリカの財政赤字と貿易赤字（双子の赤字）を日本とドイツが事実上の通貨を切り上げることによって支えることで合意した。このときも各国は、「為替レートの調整によって対外不均衡の是正が可能であり、また有効である」「為替レートは各国のファンダメンタルズを反映すべきである」ということを確認し合った。

実際は、アメリカが基軸通貨ドルを守るために、世界各国に〝強要〟したのだが、これも勘繰りすぎると陰謀論になってしまう。実際の話、この世界にどんな異論があろうと、最終的に世界覇権を握っている国に従わなければ、世界秩序は成り立たない。

そこで、変動相場制の大原則にしたがって、日米の経済動向を振り返り、円ドル相場の過去の推移を追っていくと、今回の円安が過去のどんな局面とも違っていることに気づく。つまり、日本経済の衰退および日本企業の国外脱出による空洞化による産業構造の変化が、大きく影響しているると思えるのだ。

変動相場制になってからの円は長期的には円高傾向を続け、そのなかで一時的な円高と円安を繰り返してきた。これを「循環円高・循環円安」と呼んでみる。つまり、円高と円安にはサイクルがあり、そのサイクルが繰り返されるという見方である。

しかし、今回の円安は、この「循環円高・循環円安」とは違っている。

次ページの【図表10】が、1971年からの「円ドル為替レートの推移」である。

このグラフを見ればわかるように、1985年のプラザ合意で200円台から100円台になった円は、以降、短期的な円高と円安を繰り返すようになった。その変動幅は2008年のリーマンショックまでは、高値でおよそ80円、安値でおよそ150円の範囲だった。

ところがリーマンショック後の2011年に70円台半ばを記録すると、その後は一気に円安

【図表10】円ドル為替レートの推移(1971～2014)

となった。この円安が、アメリカのＦＦレート（政策金利）と連動しないのである。これまでの「循環円高・循環円安」のサイクルは、「アメリカの金利引き上げ（＝金融引き締め）金利引き下げ（＝金融緩和）」か、あるいは「日銀の為替介入」をきっかけとして起こってきた。

つまり、アメリカの金利が上昇すると、ドルが買われて円安になり、金利が下落するとドルが売られて円高になる。日銀が「行きすぎた円高を是正する」と為替介入すると、円安に振れるといった具合だった。この２つのうち、やはり大きいのはアメリカの金利で、これが円ドル相場に決定的な影響力を持ってきた。

つまり、「アメリカ金利上昇＝円安」「アメ

【図表11】アメリカの金利と円ドル相場の推移（1999〜2014）

リカ金利下落＝円高」というわけである。これは、相場関係者が1つの指標としていることで、たとえば、リーマンショック前によく言われた「キャピタルフライト」（資本逃避）「円ドル・キャリートレード」は、日米の金利差が開いたので起こった。

では、今回の円安局面でアメリカは金利を引き上げただろうか？　ご承知のように、まったく引き上げていない。QEを続け、金利を低く押さえ込んできた。それなのに、円安が急激に進んだのである。

上の【図表11】のグラフは、1999年からのアメリカの金利の推移に、円ドル相場の推移を重ねたものだ。これを見ると、1999年後半から2002年にかけての円安の局面では、アメリカの金利と円安は連動している。同じく、

2005年から2008年にかけての円安の局面でも同じことが起こっている。

しかし、今回の円安ではこの連動は起こっていない。アメリカの金利が横ばいのまま、円安が進んできた。これに日銀の異次元緩和が加わって、円が約2年間で50%も下落するという、これまでありえなかったことが起こったのである。

これまでの「為替理論」では説明できない

ところで為替レートの変動は、1つの考え方、理論では説明できないものとされている。これまで、経済学者などによって、さまざまな考え方、理論が提唱されてきたが、そのどれも決定的なものとなりえなかった。

それでも今日まで、次のような「理論」が生き続けてきている。まず、もっとも有名なのが、「購買力平価説」。為替レートは自国通貨と外国通貨の購買力の比率によって決定されるという説だ。1921年に、スウェーデンの経済学者グスタフ・カッセルが提唱した。

しかし、これが成り立つには世界各国の経済のシステムが同一で完全な自由貿易が行われていなければならない。

そこで、「相対的購買力平価説」という理論が登場した。これは、為替レートは2国間の物価上昇率（インフレ格差）の比で決定されるという説。たとえば、アメリカの物価上昇率が日本より相対的に高い場合、ドルの価値は減価するため、為替レートは下落する、つまりドル安円高になるというもの。しかし、これも実際のところそうなっていないことも多い。

そこで、やはり、国力差がもっとも影響するという考え方が一般的だ。つまり、「国力」（経済力）が強い通貨が強く、国力が弱い通貨が弱いというもの。つまり、経済成長の豊かな国の通貨の為替レートは切り上がり、成長力に乏しい国の通貨は切り下がるというもの。これを「バラッサ・サミュエルソン効果」と言う。

実際、日本が高度成長を続けるにしたがって円は強くなった。中国の人民元も同じだ。経済が成長すると貿易黒字が増加する。したがって、貿易黒字を続ける国の通貨は強くなるとも言える。

さらに、２国間の「金利差」が為替レートに大きく影響することも、広く知られてきた。これは、アメリカの金利が日本よりも高いと円安が進み、金利差が縮小すると円高が進むということで、実際、ここ四半世紀はそうなっている。ただし、これも両国の経済状態が正常でなければならない。日本のように財政赤字が莫大《ばくだい》な国にこれが当てはまるかどうかはわからない。

そしていまや、「マネーサプライの増減」で、為替レートがある程度決まるようになった。マネーサプライが増えれば金利が下がる。そのため、アメリカがＱＥを始めるとドルは各国通貨に比べて下がり、日銀が異次元緩和を始めると金利が下がって円安が進んだからだ。

このように、為替レートの変動を説明する理論は、どれか1つでは現実に起こっていることを説明できない。

しかし、このなかで、長期的には、「国力」(経済力)と「マネーサプライの増減」による「金利差」が為替レートを決めていくと見て間違いない。1年、2年という短期では投機筋の動きで違う局面が現れるが、長期的にはこの2つで説明できる。

というわけで、アメリカの金利と連動しなくなった円は、明らかに国力衰退による円安に入ったと言えるのではないだろうか?

産業構造の変化で「円安体質」になった

日本経済は、2008年のリーマンショックを境に、明らかに変わったのである。バブル崩壊以来、「失われた20年間」を続けながらなんとか持ちこたえてきた日本経済は衰退期に入ったのである。

次の【図表12】は、厚生労働省が作成した「日本の人口の推移と生産年齢人口の推移」である。一般的に、生産年齢人口が減ると、その国の経済力は落ちる。日本の生産年齢人口は1995年の8726万人をピークに減少に転じ、その後じょじょに減ってきた。そうして、人口総数も2008年から減少に転じた。

【図表12】日本の人口の推移と生産年齢人口の推移

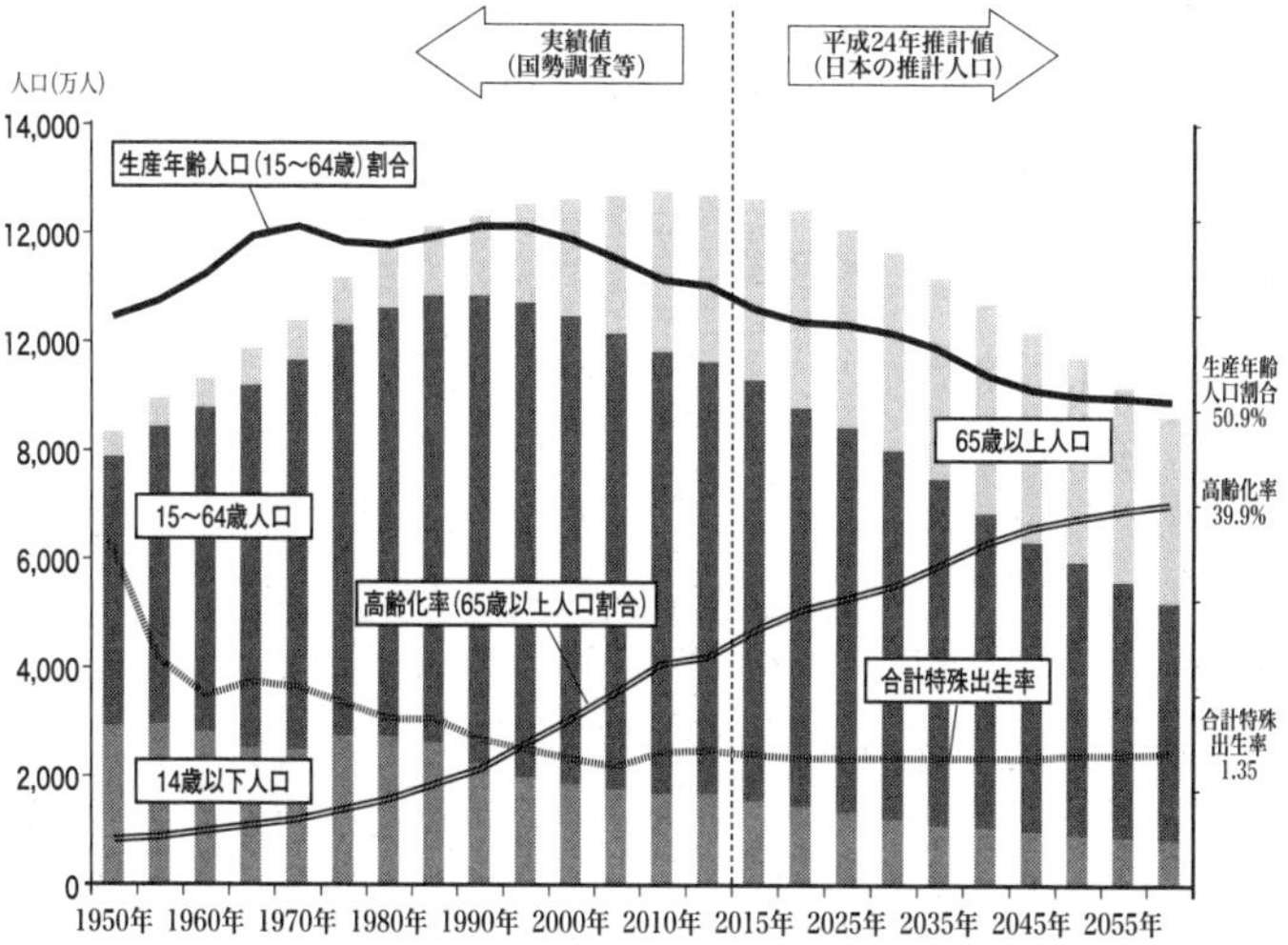

出典：厚生労働省

【図表13】日本企業の設備投資の推移

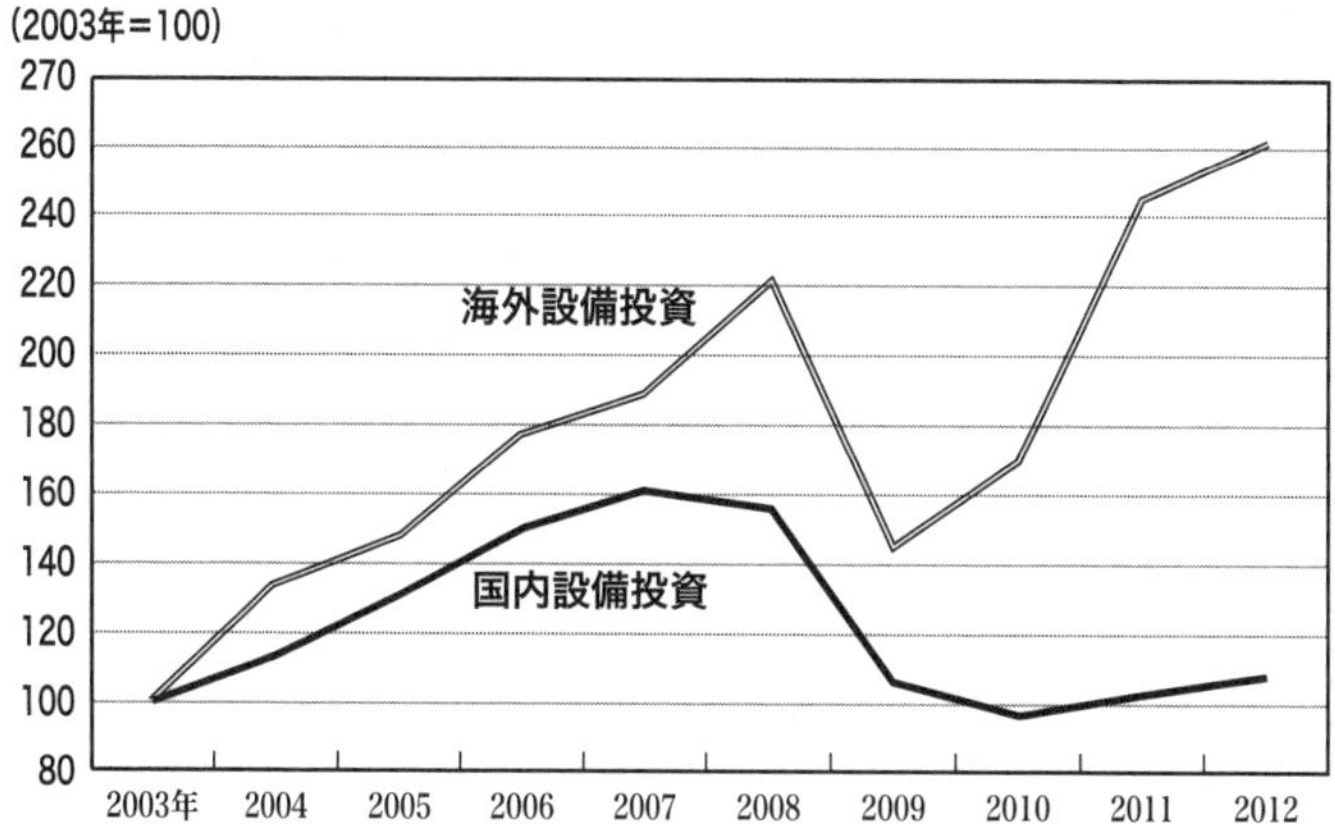

出典：経済産業省「海外現地法人四半期調査」、財務省「法人企業統計四半期別調査」を参照

このような人口減少は、日本のような資源がほとんどない国では、経済に大きな影響を与える。日本は「成長できない国」に転じたのだ。こうした大きな背景が、円に影響を与えないわけがない。

日本企業は2000年代になると、国内市場の縮小を嫌って、どんどん国外に出ていくようになった。これを端的に表しているのが、【図表13】の日本企業の設備投資の推移である。日本企業の海外設備投資は年をへるごとに増え、リーマンショック後一時的に落ち込んだものの、再び増え続けている。それに比べて国内設備投資は減り続ける一方である。

この結果、国内の空洞化が一気に進んだ。日本は長く「ものづくり大国」と言われてきたが、その「ものづくり」は国内では行われなくなったのである。

第3章でも述べたが、アベノミクスで企業が国内回帰するというのは幻想である。日本企業はもはや国内市場に活路を求めることはできなくなり、円安でも海外市場を目指すしかなくなっている。その証拠に、2014年の日本企業による海外M&Aは、過去最高の557件に達し、総額5兆7740億円が投じられた。

日本の産業構造は明らかに変わったのだ。

こうなると、当然ながら日本は貿易では稼げなくなる。貿易収支の黒字を続けてきた日本経済は、2011年になるとついに赤字に転落し、その後、この貿易収支の赤字は拡大し、貿易

【図表14】日本の貿易収支の推移（1990〜2014）

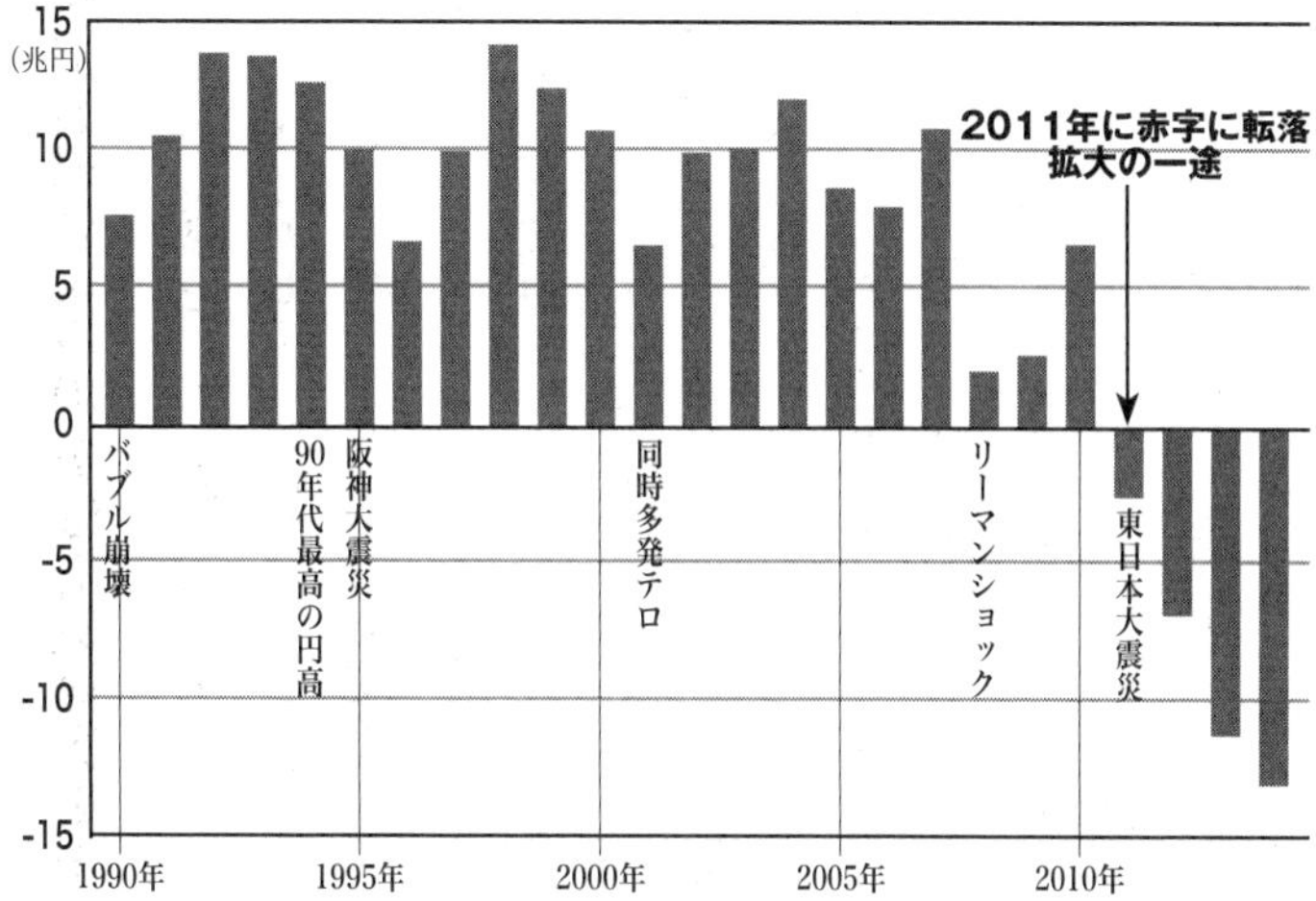

出典：財務省

赤字が日本経済の常態となってしまった。【図表14】は1990年からの日本の貿易収支のグラフである。これを見れば日本が2011年から貿易赤字国になったのがわかる。この【図表14】とともに、第3章の83ページに掲載した【図表8】を再度見てほしい。

貿易収支の赤字を埋めてきたのが海外投資による資本収支だが、これをもってしても最近は経常収支がプラスにならなくなってきている。

今回の円安の背景には、こうした日本の産業構造の大転換がある。

これを為替面から言えば、日本経済は「円安体質」に変わったということになる。アベノミクスはこの「円安体質」をさらに促進させている。

経済衰退による円安は財政破綻を早める

日本の産業構造の大転換が円安を加速させたとすれば、もう円は2度と高くはならない。つまり、ドルに対しては今後もどんどん安くなっていくことになる。

円はこれまで何度か循環的に最安値をつけている。2000年代に入っての最初の最安値は2002年の125・38円、次が2007年の117・75円である。したがって、「循環円安論」にしたがえば、このラインに達したとき円高に転じることになる。

しかし、そんなことはもう2度と起こらず、いずれ130円、そして135円、140円となっていくだろう。1990年のバブル崩壊時が144・79円だったから、ここまで戻るのは確実と思われる。

このような円安に拍車をかけているのが、じつは日銀による異次元緩和、つまり国債の大量買いだ。ついこの前まで、メディアもエコノミストも「日銀の買いオペは禁じ手である」などと言っていたのに、いまは誰も言わなくなった。それればかりか、「マーケットはさらなる緩和を望んでいる」などととんでもないことを書くようになった。

これでは異次元緩和は止まらない。政府も日銀も、そしてメディアも麻痺してしまったとしか思えない。だから、2014年10月、日銀は異次元緩和第2弾（バズーカ砲第2弾）に踏み切

【図表15】日銀の国債保有残高の推移

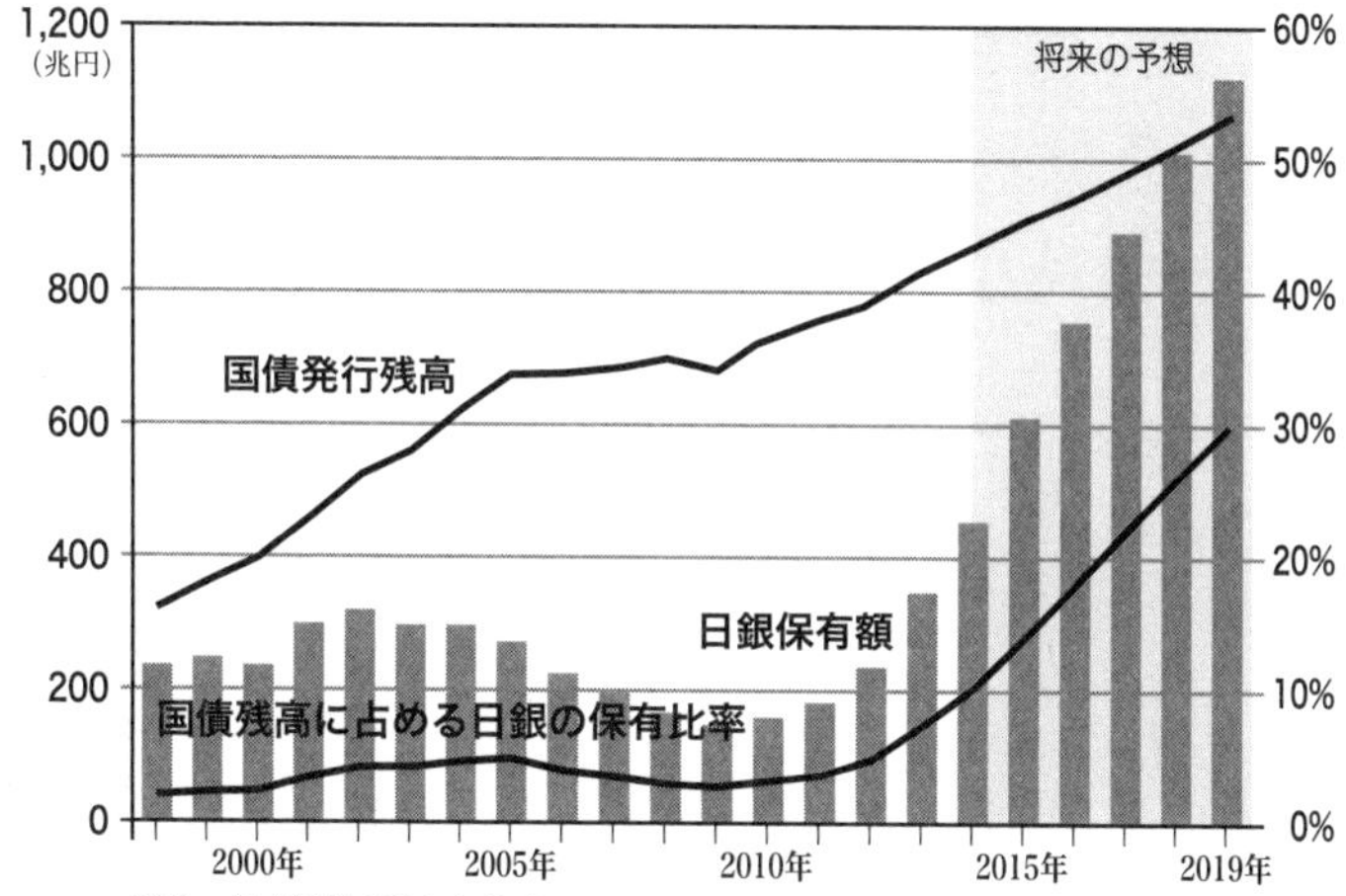

出典：日本銀行 HP より作成

った。これで日銀は長期国債の買い入れ額を年50兆円から年80兆円に増やすことになった。

すでに第２章で述べたように、これで日本の国債市場はほぼ消滅してしまった。では、このまま異次元緩和が続くとなにが起こるだろうか?

計算してみると、２０１５年末には発行済み国債の３割を日銀が保有することになり、２０１８年までにはそれが5割に達してしまう。その額は４００兆円を超え、なんと日本のＧＤＰの80％近くに相当する。

【図表15】は、日銀の国債保有残高の推移で、２０１５年以降は、異次元緩和第2弾に基づいた単純な予測である。はたしてこの予測自体が成り立つのかどうか、私にはわからない。

異次元緩和第2弾後、長期金利は低下し、

一時的に0・2%を切った。これだけ金利が低いということは、日本全体の投資収益や事業収益の水準が低いということだから、海外から日本への投資資金の流入はほぼなくなる。そうして、いずれ国内で行き場がなくなった巨額の資金が海外に流出するキャピタルフライトが起こる。

このキャピタルフライトが進めば、当然だが、現在1000兆円を超える公的債務は支えられなくなる。

アベノミクスのシナリオとはまったく逆のことが起こるのである。アベノミクスが目論んだ「円安」が、今度は自分自身の首を絞めるのだ。

株価が公的資金の投入で維持されているうちはいいが、ドルベースで上がらなければ外国人はいっせいに資金を引き上げる。そのほかの円資産に投資する外国人投資家もいなくなる。これは、財政破綻が早まるということだ。

基軸通貨ではなく、ユーロのような広域決済通貨でさえない円を異次元緩和で膨張させたツケが襲ってくる。政府と中央銀行が結託して自らの通貨を減価したのだから、自業自得だ。しかし、このツケは私たち国民に回されるのである。

国債がリスク資産になれば金利は跳ね上がる

２０１５年2月20日、政府の経済・財政政策の基本方針を決める「経済財政諮問会議」の席上での黒田・日銀総裁での発言が、議事録から削除されるという事件が起こった。

この日の会議のテーマは財政健全化だった。黒田総裁は自ら発言を求め、「日本国債はリスク資産になりうる」ということを、安倍首相や麻生太郎・副総理、榊原定征《さかきばらさだゆき》・経団連会長らの前で説明したのだ。こんなことは当たり前だが、なぜか議事録には載らない「オフレコ発言」とされたのである。

一部の報道によると、黒田総裁の発言は10分近くにもなり、その間、身振り手振りを交えて熱弁を振るったという。黒田総裁は、２０１４年12月に日本国債の格付けが下げられたことを心配し、さらにバーゼル銀行監視委員会で国債がリスク資産となる議論が行われていることを紹介、政府に財政の健全化を強く迫ったという。

これまで銀行が保有する国債はリスクゼロ資産とされていた。ところが、世界中で金融緩和が行われたため、国債金利は下がり、その結果、暴落のリスクが高まった。そこで、イギリスとドイツが中心になって、国債をリスク資産とする議論を始めた。ドイツ国債の金利は日本国債と同じように０・１％台まで下がったため、議論は白熱化した。

もし、国債がリスク資産となれば保有する金融機関は巨額の増資や融資縮小を求められ、それができなければ保有国債を売却することになる。こうなると、長期金利は跳ね上がる。

これは日銀にとっても、他の銀行にとっても、大きな危機だ。前記したように市場にある国債をほとんど吸い上げた日銀は、金利上昇でバランスシートを大きく悪化させ、その結果、円の信用は毀損《きそん》され、円安は止めどがなくなる。

すでにドイツは財政再建を果たしている。しかし、日本は赤字を際限なく積み上げている。日本国債は、リスク資産に組み入れられたとたんに、暴落は免れない。

かくして、円安はもう止まらない。

第5章
ドルひとり勝ち、アメリカ1極支配

アメリカが繁栄を続けていく3つの理由

「円安」ということは「ドル高」ということである。

ではなぜ、ドルは高くなったのだろうか？　この章では、このことをアメリカ経済の復活ということで説明していきたい。併せて、アメリカによる「通貨支配」についても言及したい。

リーマンショック以後今日まで、「アメリカは衰退する」「世界は多極化する」「ドルは崩壊する」などという言説が盛んに流布されてきた。この日本でも、そうした言説はまことしやかに囁《ささや》かれてきた。

しかし、このような言説は、すっかり過去のものになりつつある。なぜなら、アメリカ経済の復活がホンモノであることが、誰の目にも明らかになってきたからだ。

2014年10月にQEが終了したのも、FRB（連邦準備制度理事会）が自国経済の復活に自信を持ったからである。だから、その後の投資家の関心は、フェデラルファンズ・レート（Federal funds rate：アメリカの政策金利）がいつ切り上げられるのかに移った。当初、それは、2015年の4～6月とされたが、市場の予想通りにFRBがやるかどうかは、直前まで明らかにされない。

しかし、時期がずれ込もうと、2014年以降の経済状況が続くなら、アメリカ経済は底堅くなっているのは間違いないので、いずれ実施されるだろう。

では、本題に入ってアメリカ経済はなぜ復活し、今後も繁栄を続けていくのか？　その理由を見ていこう。

アメリカが今後も繁栄していく理由として、大きく次の３つのことが考えられる。

（1）人口増が続くこと（人口動態で優位）
（2）イノベーションとグローバル企業の発展
（3）ネットワークによる情報支配の独占

（1）は、経済成長を考えるうえで、極めて重要だ。人口が増えることと経済成長は連動しているからだ。

アメリカでは、戦後経済を牽引《けんいん》してきたベビーブーマー世代が２０１０年代前半から65歳に達し、次々に引退している。つまり、アメリカは人口ボーナス期からオーナス期に転換し、いま、オーナス期に入っている。こうなると、ＧＤＰ成長率は、次の式で求められるので、成長率は落ちる。

GDP成長率＝生産年齢人口の増加率＋労働者1人当たりが生産する付加価値増加率

しかし問題は、生産年齢人口がどの程度、減っているかである。日本は人口ボーナス期が1990年代に入って終了し、その後は低成長時代に入った。そして、2010年には人口そのものが減り始めた。

ところが、アメリカは人口オーナス期に入ったとはいえ、その減少幅は非常に少なく、人口そのものはいまも毎年約1％ずつ増加している。これはアメリカが移民の国であり、移民の出生率が高いからだ。

実際のところ、アメリカでも少子高齢化の傾向は出ている。しかし、その進行度は先進国中ではもっとも遅い。また、新移民が子供をつくっていけば、その世代が新しい働き手となるので、日本のようなことは起こらない。

国連（UN）の世界人口予測報によると、現在、約3億1000万人のアメリカの人口は、今後も増え続け、2100年には4億6000万人に達する。日本は、2050年代に8000万人に減り、2100年にはなんと4000万人と、いまの3分の1になってしまう。

アメリカ経済というのは、移民が下から支えている。移民により、アメリカでは次々に新しいアメリカ人が生まれ、彼らが「アメリカンドリーム」を目指すことで、経済が成長する。

オバマ大統領は就任以来「ドリームアクト」（新移民法）と呼ばれる政策を推進し続けている。これは、約1100万人いるとされる不法移民とその子供たちに「グリーンカード」（永住権）を与えるというものだ。

人口がいちばん多い世代が時代をつくる

アメリカの人口動態を見ていくと、全人口のなかでいちばん多い世代が、アメリカをつくってきたことがわかる。たとえば、1965年時点でアメリカで人口がいちばん多かった世代は、0歳から19歳。このとき、アメリカではディズニーに代表される子供文化が発展し、ロックミュージックが全盛になり、ベトナム反戦運動からはヒッピー世代が生まれた。

この世代は、やがて社会に出て就職すると、マイホームを買ったので、郊外都市が発展し、不動産ブームが起こった。

そうして彼らが働き盛りの40代になると、投資ブームが起こった。金融が改革されてミューチュアルファンド（投資信託）が人気を集め、住宅を担保とするリファイナンス、クレジットカード決済などが一般化した。株価も不動産も順調に値上がりした。経済学者ハリー・S・デントジュニアによると、地価の上昇のもっとも強力な要因は人口動態であるという。

1国の経済は、45歳～50歳世代によって支えられている。なぜなら、この年代で所得はピークに達し、消費も投資も活発に行うからだ。投資をするのもローンを借り入れるのも、この世代が中心で、この世代が分厚いほど経済は成長するというのだ。

ちなみに、中国は2015年あたりから人口ボーナス期から人口オーナス期に転換し、その後は過去の一人っ子政策もあって、日本よりも急速に高齢社会になり、やがて総人口も減少する。中国がアメリカを逆転するなどというのは、夢物語である。

習近平《シーチンピン》主席は、就任以来、「中国の夢」という言葉を連発している。それは、中国がかつて19世紀前半に世界一の帝国だったころに回帰するということを指す。つまり、アメリカを凌駕《りょうが》して世界覇権国になるという〝夢〟である。

しかし、そんなバカなことは起こるわけがないし、アメリカも世界の投資家たちも許すわけがない。21世紀に入ってすぐに「米中逆転」レポートがゴールドマン・サックスによって発表されたが、あれは中国をおだてて国際市場に引きずり出すための〝餌《えさ》〟だった。

その国の力はその国の企業の力が決める

（2）のイノベーションとグローバル企業の発展については、多く述べる必要はないかもしれない。

アメリカ経済の回復は、シェールガス・オイル革命にあるのは間違いないが、シェールガス・オイル革命を起こしたのも掘削技術のイノベーションである。それにより、生産コストが大幅に減って、シェールガスとオイルの大量生産に繋《つな》がった。

２０１４年の半ばから、石油価格が大幅に下がったが、これもアメリカのシェールガスとオイルの増産が、世界的な原油需給を緩和させてしまったからだ。エネルギー価格の下落は、生産コストの低下を招くので、モノやサービスをつくる国では、結果的に経済成長を押し上げる。

ところが、エネルギーコストが下落すると世界経済全体ではマイナスになるという見方がある。しかし、石油価格の下落は石油輸入国から産油国に移転する所得が減るということと考えれば、困るのは産油国側だけで、全体ではプラスである。

アメリカはシェールガス・オイル革命でなんとエネルギー輸出国になったのだから、困る面もあるが、プラスの面のほうがはるかに大きい。

そんなエネルギー革命が進むなか、アメリカでは産業界に次々とイノベーションが起こった。イノベーションとは政府が起こすものではなく、民間企業が起こすものだ。そこで、アメリカ企業を見ると、現在、世界でイノベーションを起こしているのはほとんどがアメリカ企業である。

ＩＴ分野はもとより、バイオ分野、３Ｄプリンターによる生産、ロボットによる生産、次世代自動車などにいたるまで、新技術はほぼアメリカ企業が独占している。

【図表16】フォーチュングローバル500国別企業数

順位	国	企業数
1	アメリカ	128（132）
2	中国	95（89）
3	日本	57（62）
4	フランス	31（31）
5	イギリス	28（29）
6	ドイツ	28（26）
7	韓国	17（14）
8	スイス	13（14）
8	オランダ	13（11）
10	カナダ	10（9）

出典：『FORTUNE GLOBAL 500 2014』（カッコは2013年版）

とくに、ＩＴ・インターネット関連では、ＡＩ（Artificial Intelligence 人工知能）の開発、ＩｏＴ（Internet of Things インターネット・オブ・シングス）、ビッグデータによるマーケティングなど、アメリカ企業なくしては成り立っていない。

それなのになぜか日本では、これまでアメリカ衰退論が盛んだった。これを唱えてきた人々は、政治学者、経済学者が多く、彼らは「専門バカ」「机上バカ」で、実際のビジネス現場を見ていなかったのだろう。

アメリカの衰退は、リーマンショック後の「財政の崖《がけ》っぷち問題」「決められないオバマ政治」「アメリカ軍の世界的なリバランス」などを見れば、そうとは言えなくもなかった。しかし、アメリカというのは、やはり企業なのである。アメリカ企業が衰退しないかぎり、アメリカは衰退しない。資本主義は、企業で成り立っている。だから、単純に企業が活き活きとして活動し、利益を上げている国が世界でいちばんパワーを持つ。

企業の総収入をもとに世界の企業をランク付けした『フォーチュングローバル５００』の２０１４年版を見ると、日本の企業は、トヨタ自動車、ソフトバンクなど57社がランクインしている。しかし、アメリカの企業は１２８社で、圧倒的に上だ。また、ランキング上位の企業の多くはアメリカのグローバル企業である。

ちなみに、中国企業は、95社（香港4社含む）である。【図表16】は、『フォーチュングローバル５００』２０１４年版の国別トップ10である。

日本企業は、このランキングに、かつて１４９社が入っていた。それは１９９５年度のことで、バブル経済が崩壊して数年後とはいえ、この時点ではまだ日本企業は強く円も強かった。しかし、21世紀に入ると１００社を割り込み、ここ5年間では、２０１０年71社、２０１１年68社、２０１２年68社、２０１３年62社と減少を続けている。

「政産複合体」と「ネットワークの支配者」

ところで、アメリカの政治家の多くは、アメリカのグローバル企業の代理人である。日本のように、政治家だけを職業として、2代目、3代目などという人間は稀《まれ》だ。たとえば、ジョージ・ブッシュ元大統領はカーライル、ディック・チェイニー元国防長官はハリバートン、コンドリーザ・ライス元国務長官はシェブロンの代理人だった。

現在のオバマ大統領を誕生させたのも、ウォール街の資金だ。その資金は、ゴールドマン・サックス、シティ・グループ、JPモルガンなどのほか、数多くのヘッジファンドが出した。だから、2015年の「一般教書演説」で、彼が富裕層課税を打ち出したというのは茶番と見なければならない。バイデン副大統領も、一族はパラダイム・グローバル・アドバイザーズというヘッジファンドを経営している。

つまりアメリカという国家は、政治と産業が一体化している「政産複合体」なのであり、企業が強いかぎり、たとえ政治が弱く見えても、それはまやかしにすぎないのだ。

このように見てくれば、人口が増え、イノベーションを起こす企業群を持っているアメリカが衰退するはずがない。

1990年代、アメリカはITイノベーションを起こし、クリントン大統領はそれを経済成長に結びつけた。結局、これと同じことが、今後5年、10年と続くだろう。

そして(3)のネットワークによる情報支配の独占だが、これはもう言うまでもないことだ。ネットができたことにより、現代のリアル世界の覇権は、バーチャル世界に大きく左右されることになった。このバーチャル世界は、事実上アメリカのものである。

2500年前に書かれた『孫子』(孫子の兵法)で、著者とされる孫武がもっとも重視したのが「情報」(インテリジェンス)だった。『孫子』のいちばん有名な言葉、「彼を知りて己れを知れば、百戦して殆《あや》うからず」は、情報がなければ勝てないということを表している。「彼を知り」ということは、「情報を集めろ」ということだ。そうすれば、孫武が理想とした「戦わずして勝つ」ということが可能になる。

ＩＴ革命によって、世界中の情報はほぼすべてデジタル化され、データベースに収められることになった。文字情報だけではない、音楽、画像、映像すべてがデジタル情報となり、いまや貨幣などの金融資産もデジタル化されている。そして、私たち人間そのものの行動から思考プロセスまでもほぼデジタル情報化されている。

では、それをやってきたのは、どんな企業だろうか？

マイクロソフト、アップル、グーグル、アマゾン、オラクル、フェイスブックと挙げていくまでもなく、ほぼすべてアメリカ企業だ。これらの企業により、情報の中核になる技術とイノベーションは、すべてアメリカが所有している。つまり、アメリカは孫子の兵法の理想を実現し、「戦わずして勝つ」唯一の国となりえたのである。シリア内戦、ＩＳＩＳ（イスラム国）問題で、アメリカが安易に地上軍を派遣しないのは、そんなことをする必要はないからだ。ネットワークの支配者アメリカにとって、もはや地政学的な領土は二の次なのである。

現在アメリカ政府は、ＩＴ企業群に対して、タックスヘイブンを利用した節税を行っていると非難している。しかし、これも茶番だ。

彼らが集めた情報は、NSA（国家安全保障局）やCIA（中央情報局）にすべて提供されているのは間違いないからだ。すでに、アメリカは「全人類データベース」を持っていると、私は考えている。

というわけで、今後、アメリカの1極支配による繁栄は続いていくのだが、それを思うと、想起されるのがソフトバンクの孫正義社長の「タイムマシン経営」である。

「タイムマシン経営」とは、孫社長が1990年代後半から、繰り返し唱えていた経営手法である。孫社長はこう言っていた。

「アメリカで成功したビジネスモデルは、その後必ず日本にもやって来る」

つまり、それをいち早く日本で始めれば、必ず成功するというのだ。ソフトバンクのこれまでの歴史を見ると、まさにそのとおりとなっている。

孫社長は、ヤフー、ジフ・デービス、コムデックスなどのアメリカ企業に出資し、それらを情報源にして、最新のビジネスを日本に持ち込んで成功してきた。最近ではスプリントを買収している。また、2014年秋には、グーグルの副社長だったニケシュ・アローラ氏をスカウトしている。

アメリカが「未来世界」であり、その未来世界からタイムマシンでビジネスを持ってくればいいというわけである。

２０００年に、中国のアリババに出資したのも、アメリカですでに始まっていた電子商取引（ＥＣ）を中国で始めた企業だったからだろう。

信用裏付けのない「基軸通貨」を持つ意味

２０１４年9月、ＦＯＭＣ（連邦公開市場委員会）では「長期にわたって」（considerable time）どのような政策を取っていくべきか活発な議論が交わされた。その結果、確認されたのが、「ＱＥ3の終了」と「しかるべきときの金利引き上げ」、そして「強いドル」政策だった。

こうしたことを背景にして、ジェイコブ・ルー財務長官も「ドル高」容認発言を繰り返したので、当時1ドル＝１０５円台だった円は年末には１２０円まで下落した。

また、ロシアのルーブル（ＲＵＢ）は原油価格の急落と歩調を合わせて下落し、なんと50％も暴落した。ルーブル相場は、7月は1ドル＝30ルーブル台前半だった。それが、10月に40ルーブル台、そしてＯＰＥＣ総会で原油減産が見送られた11月末には50ルーブル台に下落し、12月半ばには60ルーブル台を記録したのである。

また、人民元（ＣＮＹ）も２０１３年10月のピーク1ドル＝6・03元から、ゆるい下落傾向を続けた。人民元は、２００５年までの実質固定相場制のときは1ドル8・28元だったが、その後、「通貨バスケットを参考とする管理フロート制」となり、そのなかで対ドルに対しては上げる一方できた。それが、いまや足止めされた状況になっている。

　さらにユーロだが、ドルに対して下落を続け、2015年になってECB（欧州中央銀行）が異常な量的緩和に入ると、1ドル＝0・88ユーロまで下落した。

　このようにドルが強くなるということは、世界のほかの通貨が弱くなるということである。と書くと、そんなことは為替なのだから当たり前ではないかと言われるが、じつは、このことが意味することはもっと大きい。単なる通貨の強弱による為替レートの上下程度ではすまないからだ。

　ドルは、誰もが知るように、世界の基軸通貨である。これは、ほかに代わる通貨がないということである。ここまではいい。しかし、ではドルの信用を裏付けるものがあるかといえば、それは実際には存在しない。かつて金本位制のときは「金」がドルの価値を保証した。しかしいまはドルばかりか、世界のどの通貨もなんの信用の裏付けもなく発行されている。そんななかで信用の裏付けを求めるとすれば、それは通貨発行国の経済、国力ということにしかならない。つまり、アメリカ経済が弱くなれば、ドルは信用されなくなり、ドル安になる。

　ところが、いったん基軸通貨になると、経済が弱くなろうと、信用は続く。なぜなら、世界中がドルを持って、それで資産をカウント・保持しているので、大きく変動されては困るからだ。この基軸通貨であるということは一種の特権である。つまり、この特権を握ることでアメリカは、世界の金融・経済、ひいては政治までを動かせる力を持っている。

したがって、アメリカはこの権利を手放すようなことはしない。

第二次大戦後、世界覇権を完全に掌握したことで、アメリカはこの権利を手に入れた。世界政府がないのだから、世界でいちばん強い国の通貨で国際決済を行い、価値判断基準として使うほかないから、こうなるのは当然の成り行きと言ってよかった。ただし、このときのドルは、それでも金と兌換《だかん》できる通貨だった。つまり、まだ金という価値の裏付けがあったのだ。

ところが１９７１年、当時のニクソン大統領が一方的に金との交換停止を宣言してしまった（ニクソンショック、ドルショック）。これでどうなったかというと、アメリカは単にドルを刷るだけで対外借金を返せるし、世界のモノを買えることになったのである。本来、許されないことだが、政治力、軍事力、経済力でアメリカに優る国はないので、世界はこれを受け入れざるをえなかった。

こうして、世界の通貨は、基軸通貨ドルを中心にして、為替相場によって目まぐるしく動くようになった。現在に続く、変動相場制である。

これは、じつは、アメリカが為替の操作をするだけで、他国の経済をコントロールできるということである。

ルーブルの大暴落はドル防衛策の結果

2014年から今日までの間に、ドルに対してもっとも弱くなった通貨の1つが、ロシアのルーブルである。

前記したように、2014年の半ばからたった半年で50％以上も下落した。こうなると、ロシア経済は立ち行かなくなり、国民生活はインフレのおかげで窮乏する。ロシアではパンや肉など食料品を中心に値上がりが相次ぎ、インフレ率は10％以上に達した。これは、円安がさらに進んだときの日本の姿を暗示している。

では、なぜここまでルーブルは下落したのだろうか？

それは、プーチン大統領がクリミア併合に始まるウクライナ紛争を起こしたからだ。これにより、プーチン大統領はアメリカの虎《とら》の尾を踏み、〝新冷戦〟を引き起こしてしまった。

プーチン大統領が公然とこんなことができる力の源泉はどこにあるのか？　それは、天然ガスと石油である。ロシアはこれまで、天然ガスと石油の力を背景に自国通貨ルーブル建ての貿易を拡大させてきた。だから、これをストップさせてしまえば、ロシアは力を失う。と同時に、ドルの基軸通貨体制は維持され、アメリカは世界覇権を維持できる。

これが、ウクライナ紛争を契機にアメリカがロシアに対して行った経済制裁である。

アメリカは、こうして常に「ドル防衛」＝「世界覇権維持」を考えて行動している。基軸通貨という特権を失えば、アメリカというシステムそのものが成り立たなくなるからだ。ルーブルが暴落すれば、怖くてどの国もルーブルを受け取らなくなる。ルーブルなんかで支払われても、半年後に半分の価値しかなくなってしまうのだから当然だ。こうなると、ロシアはドル建ての輸出入しかできなくなる。天然ガスも石油もドル建てで輸出するしかなくなるのである。

２０１４年12月４日、アメリカ下院は、ロシア非難の決議を可決した。同日、ロシアもまたアメリカをウクライナに介入していると非難した。以来、アメリカの報道を見ていると、ロシアに対する敵視はどんどん強まっている。

なにしろ、下院のロシア非難決議は、４１１対10の圧倒的な大差だった。こうなると、〝新冷戦〟はさらに深刻化していく。

ロシアがクリミアを併合した後、「プーチンはオバマに勝った」などと言った評論家がいたが、あきれるしかない。勝ったのはアメリカで、その後のロシアは国家財政の危機に陥った。

原油価格が１バレル60ドルを切った時点で、ロシア原油は完全にコスト割れしてしまった。ルーブルの下落とともに、深刻なまでのキャピタルフライトも起き、慌てたロシア政府は、金利をなんと17％に引き上げたが、それでもルーブルの暴落は止まらなかった。

ただし、原油安はアメリカにとっても不利になる。シェールガスとオイルもコスト割れするからだ。1バレル100ドルの時点で、シェールガスとオイルは競争力を得た。だから、シェールガス・オイル革命が進んだが、それ以上安くなると、シェールガスとオイルに投資した資金が焦げ付く。原油価格が75ドルを割った時点で、不採算から採掘を止めた油田も出た。

こうして米ロのチキンゲームとなった〝新冷戦〟だが、その勝敗ははっきりしている。

アメリカの金融経済はユダヤ人が握る

投資家なら誰もが知るように、世界の金融経済は、ユダヤ人のネットワークが握っている。

こう書くと、それだけで「陰謀論」と思う人がいるが、ユダヤ人たちは世界を乗っ取って思いのままに操り、自分たちだけ儲けようとはしていない。そんなつまらない世界をつくる意味がないからだ。彼らもまたお互いに競争している。

とはいえ、ユダヤ人のネットワークは強力だ。とくにニューヨークのウォール街は、ユダヤ人のものと言っていい。ゴールドマン・サックス、モルガンスタンレーなどの主要金融機関はすべてユダヤ人が創業した。また、FRBもユダヤ人が握っている。歴代議長のグリーンスパン氏、バーナンキ氏もユダヤ人である。現総裁のジャネット・イエレン氏もユダヤ人だ。もちろん、ジェイコブ・ルー財務長官もユダヤ人である。前NY市長のマイケル・ブルームバーグ氏もユダヤ人だ。

ただし、ユダヤ人とは私たちが考える人種でも民族でもなく、1つの世界観（ユダヤ教）の下に結集した人間集団である。事実、日本人に生まれようと、ユダヤ人になれる。ただ、ものすごくハードな勉強と試練の後、試験に合格しなければならない。

私はこの試験に合格してユダヤ人になった人を知っているが、その努力は並大抵のものではない。

と話はそれたが、ユダヤ人のネットワークが世界の金融を動かしているのは、まぎれもない事実である。したがって、彼らが考える「合理的な判断」以外のことを起こすと、必ず潰される。そこで、書いておくと、ウクライナは19世紀まではハザール系ユダヤ人が多く住んでいた土地だった。彼らはロシア人、ウクライナ人に迫害された。

アメリカは、理念のもとにつくられた人工国家である。ここには、多くのユダヤ人が暮らし、政治の中枢や金融経済の中枢を握っている。

アメリカが世界覇権を持つことは、世界のほかのどの国が持つことより、人類全体のサバイバル、個人の自由、幸福にとって意義があるが、彼らが一度握った世界覇権を手放すわけがない。その意味で、基軸通貨ドルを徹底的に守り抜く。

ところが、アメリカの力がちょっと弱まっただけで、兌換通貨でもないドル、しかも、財政赤字を垂れ流している国の通貨をなぜ使わなければいけないのか？　本当に、アメリカは大丈夫なのか？　ドルは暴落するのではないか？　という見方が出てくる。また、アメリカの世界支配を面白くないとする国や集団は常に存在するから、このような見方にドライブがかかる。

こういう背景から、世界は多極化し、ドルに対して挑戦をする国々が現れた。

広い意味で言うと、欧州共同通貨「ユーロ」もドル基軸通貨体制に対する挑戦である。最近では、中国の挑戦が露骨だ。

中国主導の「上海協力機構」「AIIB」は非ドル経済圏

2001年、中国とロシアが中心になって生まれた「上海協力機構」（SCO）は、ドル経済圏への挑戦である。つまり、基軸通貨からの離脱を目指している。

中国は、この世界に、ドルによらない自国通貨「人民元」による経済圏をつくろうとしたのだ。SCOは、当初はユーラシア諸国が中心だったが、最近では、アフガニスタン、イラン、イラク、トルコからASEAN諸国までがなんらかのかたちで参加を希望し、非欧米同盟の色合いを濃くしている。また、中国自身は、人民元の国際化を目指し、韓国、日本、ロシア、オーストラリア、インド、ドイツ、ブラジル、チリ、アラブ首長国連邦、南アフリカなどと国際通貨協定を結び、ドルを介在としない金融取引を拡大させようとしてきた。さらに、2015

年になって「ＡＩＩＢ」（アジアインフラ投資銀行）を設立し、その参加メンバーに日本とアメリカ以外の主要国を引き入れることに成功した。ＡＩＩＢはアジア地域のインフラ投資を目的としているが、隠された目的は中国の過剰生産と過剰在庫のアジアへの輸出だ。

しかし、このような中国の挑戦は実を結ばないだろう。

それは、第一にアメリカがそれを許すはずがないからであり、第二にアメリカとロシアが〝新冷戦〟状態になったことで、アメリカと中国の関係も変化してきたからだ。

中国がウクライナ問題でロシアを擁護する動きを見せたので、アメリカは中国と距離を置き始めた。それで、中国は明らかにロシアに接近するようになった。経済制裁で窮地に陥ったロシアから石油と天然ガスを買うことで恩を売り始めたのだ。ただし中国は、下落する原油価格をさらに安く買いたたくことも忘れなかった。

ただ、このような〝中ロ同盟〟は長続きしないと、私は思っている。ロシアは中国に石油を買ってもらっているので、シベリアや沿海州で中国企業が事業を拡大するのを許している。いま、シベリアや沿海州には、中国人がどんどん入り込んでいる。しかし、これ以上、中国の拡大を許せば、中国に沿海州やシベリアが奪われかねないからだ。

旧ソ連時代、中国とソ連は国境を巡って何度も紛争を起こした。本当は「不仲」なのである。この見方に立てば、なんらかの新事態で、同盟は続かなくなるだろう。

アメリカのロシア経済制裁の本丸は、前記したように天然ガスと石油である。ロシアは天然ガスと石油で外貨を稼げなければ、たちまち国家財政が悪化する。中国にとっては、天然ガスや石油の価格が下がることはいいことだが、国内は不動産バブルの崩壊に見舞われていて、それどころではない。

だから今回の〝新冷戦〟が過去の冷戦と違うのは、中ロ同盟が弱者連合だということだ。ただ中ロとも「BRICS」である。そのため、ほかの新興国が、中ロ陣営に追従する動きがある。AIIBにもインド、ブラジルが参加した。イギリスは新冷戦を無視して、オフショアに人民元を引き入れて運用益を上げようと参加した。とはいえ、ドルの力が衰えるなどという未来は想定できない。

結局、ドル依存を強めないとやっていけない

これまで、ドルに対する挑戦は幾度となく繰り返された。しかし、いずれも長続きしないか崩壊した。中国の挑戦もまた同じ道をたどるだろう。

かつて湾岸アラブ諸国も、「湾岸ディナール」という産油国共通通貨を志向したことがあった。しかし、サウジアラビアを中心として、今日まで原油取引通貨はずっとドルである。これは、アメリカの意志でもあった。サウジアラビアを押さえることで、石油でドルをヘッジし、基軸

通貨を維持してきたのである。そうでなければ、中東地域に、第5艦隊や陸軍基地および空軍基地を置く必要はない。

イラクのサダム・フセインはこれに逆らってユーロや他通貨で取引しようとしたため、結果的に潰された。

1997年のアジア通貨危機は、ドルの基軸通貨体制の強化に大いに貢献した。自国通貨が暴落してしまうと、頼みはドルのリザーブ（準備外貨）だけになるので、以後、アジア諸国はドルを大量に貯め込むことになった。

資源産出国にとって、資源価格の下落による自国通貨安は経済を苦しめる。とくに、自国通貨建てで取引を拡大してきた国は、自国通貨建ての石油や資源の輸出も自国通貨が下落してしまえば、ドル建てでしか売るに売れなくなる。自国通貨を買い支えるにはドルが必要になるからだ。この理屈を持って、アメリカはロシア制裁を行った。当初ロシアはそれに抵抗したが、とうとうルーブル防衛を諦めて変動相場制に移行してしまった。

では、日本はどうだろうか？

すでに第4章で述べたので、ここでは、近未来の円についてだけ述べておきたい。

強いドル政策によって、ルーブルとはいかないまでも、円は大幅に下落した。しかし、この円安がロシアのような資源国の通貨安と違うのは、円安になれば、日本は工業国だから製造業の輸出が増えて経済が持ち直す。そして、通貨はあるところまでで安定すると考えられてきた。だから、円安があまりに進むと、その反動もあって、「いつ円高に反転するのか?」と、市場は警戒を始め、それを言うエコノミストも登場する。

しかしこの見方は、すでに述べたように間違いである。かつてのように、円安と円高を繰り返すようなことは起こらない。たとえ円高に進んでも、それは一時的であり、長期的にはこの先ずっと円安が続く。

かつての超円高で、日本の製造業はほぼ海外に移転し、国内はすっかり空洞化してしまった。だから、いくら円安になっても、国内に企業が大量に回帰しないかぎり日本の国内経済は立ち直らない。円安に歯止めをかける材料がない。

そんななか、今後、アメリカが政策金利を引き上げれば、「円キャリートレード」(=資産フライト)が起こるのも間違いない。このような円の流出は、さらなる円安を招く。これは、結果的に日本の富が日本を離れることを意味する。つまり、ドル高により、アメリカは日本の富を奪うことが可能になる。

日本は現在のところ、大量のドルのリザーブを持っている。したがって、その気になれば通貨防衛ができる。ドルで円を買い支えることができる。しかし、本当にこれができるのかは大いに疑問がある。

これは中国も同じである。ただし、中国が日本と違うのは、まだ産業の空洞化が起こっていないこと、アメリカの同盟国ではないので、いつでもドルを売れることだ。

アメリカにとって世界で重要な国は４つ

ドルの基軸通貨防衛政策からいくと、強いドルをあまりやりすぎると、自国の産業の輸出力が落ち、アメリカのリアル経済が落ち込んでしまう可能性がある。中国のような国が通貨安の恩恵を受けて、国力を強くすることになる。

したがって、中国に対しては、アメリカはなんとしても「人民元高」に持ち込まなければならない。これをやらないと、上海協力機構のような非ドル経済圏が強化されてしまうからだ。併せて、ＡＩＩＢのような国際金融機関によって人民元が決済通貨になるのを防ぐ必要がある。

ただし、円がドルの補完通貨で、また人民元はドルにペッグしているということで、円安ドル高が、事実上「円安元高」となっている。なんと、人民元はいまや1人民元＝19円～20円である。これは、中国にかなりダメージをもたらした。日本企業の中国脱出が進んでいるからだ。日本はまだいくらか中国で稼げる余地があるが、多くの企業が「チャイナ＋ワン」を進め、完全撤退する企業も出始めている。

ところで、アメリカにとって重要な国家は、世界に４つあるとされている。金融ベースを同じくするアングロサクソンの母国であるイギリス、ユダヤ人国家のイスラエル、そして忠実な同盟国で先進工業国家の日本、石油大国のサウジアラビアである。

アメリカは主に、この4つの国の安全保障を担保することで、世界覇権と基軸通貨ドルを維持してきた。しかし、サウジアラビアはシェールガス・オイル革命で、いまやあまり必要がなくなった。アメリカにとって中東の存在感は薄れている。

日本も、このまま衰退を続ければ、中国・ロシアに対するバッファーであるということ以外、それほど存在価値がないものになるだろう。円はドルに対してさらに下落するしかない。

オバマ政権を見ればわかるように、これまでアメリカは日本とサウジアラビアに対して、かなり冷淡に振る舞ってきている。

IMFのSDRに組み込まれる人民元

というわけで、ここまでの見立てでは、基軸通貨ドルは今後とも強く、アメリカの1極支配は維持される。アメリカは繁栄を続けていくという結論になる。

そう考えると、オバマ政権は、中国やロシアをわざと助長させるための政権ではなかったのかと思う。彼らにアメリカの力は弱まったと思わせ、最終的には拡張政策を取らせ、墓穴を掘らせようとしているからだ。

中国はこのことに気がついているだろうが、いまさら「中国の夢」を捨てきれないから、今後もその一環として、人民元の国際化を狙ってくる。

そうした中国に対して、最近、ＩＭＦ（国際通貨基金）は、ＩＭＦ参加国通貨と交換できるＳＤＲ（特別引出権）に、人民元を組み入れることを提案している。もちろん、中国はこれに飛びつくだろう。ＩＭＦは今後、ＳＤＲの通貨バスケットの見直しを行うことになっている。通貨バスケットは現在、ドル、ユーロ、円、ポンドで構成されている。

国際銀行間通信協会（ＳＷＩＦＴ）の発表資料によると、２０１４年12月、人民元は、決済通貨としてカナダ・ドルを抜いて世界で５番目に多く使われる通貨となっている。人民元建て決済の比率は、12月に過去最大の２・17％を記録し、10月の１・59％から上昇している。ちなみに、12月のランキングは、首位がドルでシェア44・６％、２位がユーロで28・３％。３位がポンドで７・92％、４位が円で２・69％だった。

このことからも、ＳＤＲに人民元が加わるのは確実だろう。しかし、それがこの先なにを意味するかは、アメリカ次第だ。

人民元は高くなったが、中国経済は減速している。２０１５年は危険信号である成長率６％を割り込むと言われている。だから、中国政府は利下げを始めた。この利下げの真の目的は、不動産バブルの崩壊を先延ばしにして、なんとかソフトランディングに持ち込むことである。

中国は、これまで片っ端からビルやマンションを建て、高速道路、新幹線、地下鉄を造ってきた。しかし、この先、これが続くかどうかはわからない。マンションは造っただけで販売できなければ、たちまち不良債権となる。

PM2・5汚染も上海株もいまや危険レベル

「いやあ、暮れに日本に戻ってなにがよかったかって、空気を思い切り吸えること。それに、空を見上げれば青いということですよ」

2015年の正月、私は日本に戻ってきた旧知の中国駐在員たちと一献を傾けた。そのとき、あるメーカーの幹部社員が言ったのがこの言葉だ。

相変わらず北京のPM2・5汚染はひどく、毎日の外出は防御マスクなしではできない。しかも、2、3枚は必要だと言う。

「それで、最近、通販で人気なのが、PM2・5を99・9%をシャットアウトすると宣伝している『霾星人』という小型の携帯空気清浄器。なんか飛ぶように売れていると言うんですが、なにしろ中国のものは信用できないので買いませんでした」

中国はいまや、拙著『「中国の夢」は100年たっても実現しない』(PHP研究所、2014)で書いたように、環境汚染がひどすぎて人がまともに暮らせる国ではなくなっている。201

5年1月15日、アメリカ大使館はPM2・5の汚染指数を545と発表して、館員に外出しないよう呼びかけた。この545というのは、最悪レベルの「危険」（300～500）を上回っている。つまり、吸い続けると確実に健康を害して「死ぬ」可能性があるということだ。

もう1人、北京駐在のメディア関係者からは、北京の物価の高さを聞いた。

「なにしろ、いまや1元は19円～20円です。ひと昔前の倍ですよ。それもあって、物価がすごく高く感じますね。東京より高い。

私の行きつけの国貿のスタバでは、今日のコーヒーのショートが17元（340円）です。まあ、スタバ値段ですが、店内にいてもPM2・5が入ってくるので、それなら家でコーヒーを飲もうと、スーパーにミルクを買いにいったら、牛乳ワンパックが20元（400円）でした」

北京では2014年12月に公共交通料金が値上げされた。それまでは地下鉄が一律2元だったが、3～6元、バスが一律1元だったが2元以上になった。ただ、ガソリン代は安くなっていると、彼は言った。

「世界的な原油安のせいでしょうね。この前まで1リットルあたり8元はしていたガソリンが、いまや6元です。中国は世界最大の原油輸入国で、輸入先第1位はロシア、次がサウジです。ロシアはいま困っていますから、中国が石油を買いたたいているようです」

こうしたなか、2014年、上海株は1年間で、2115ポイントから3234ポイントへ、なんと52％も上昇した。その結果、一時おとなしくなっていた「株民」（株式投資家）が大復活した。上海株を演出したのは、取引が相互乗り入れとなった香港市場を通して入って来る投資マネーと、それに釣られた株民マネーだという。不動産がダメになり、贅沢《ぜいたく》禁止令も出ているので、行き場のなくなったマネーが株に流れたという。つまり、上海株も日本株と同じバブルである。

これまで、日本ではさまざまな未来予測が語られてきた。

たとえば、「米中逆転」「アメリカ衰退」「多極化する世界」「ＢＲＩＣＳが世界の中心的役割を果たすようになる」など。しかし、これらの予測は、ことごとく外れた。私は以前から、中国は失速して米中逆転は起こらず、アメリカのひとり勝ちになると言い続けてきた。このことに、最近は、以前に増して確信を抱いている。

かくして、円安は止まらない。

第6章

ＩＴ革命進展、仕事がなくなる未来

「機械との競争」で「士業」が崩壊

安倍首相は「政権発足以来、雇用は100万人以上増えた」「経済の好循環が生まれようとしている」と言い続けてきた。しかし、実際に増えた雇用は、高齢者と非正規雇用に偏っていて、景気がよくなって雇用が増えたとはとても言えない。

この辺の認識のギャップを考えると、日本の政治家が私たちと同じ時代を生きていることが、私には信じられない。

たしかに雇用を増やすことは、政治家の役目かもしれない。

しかし、現在ある職業が、ITの進展でどんどん消えていこうとしているのに、このことに関して、彼らの口からなんらかのコメントが発せられたことはない。

たとえば、「士業」という言葉がある。弁護士のように、最後に「士」がつく職業だ。よく言われるのが、「8士業」と呼ばれるもので、「弁護士」「司法書士」「土地家屋調査士」「税理士」「弁理士」「社会保険労務士」「行政書士」「海事代理士」が、これに該当する。いずれも、その分野の高度な専門知識を有する国家資格である。

「士業」は一部の資格を除いて年収が高い。たとえば、弁護士の平均年収は1000万円を超えるとされてきた。しかし、この士業がいま崩壊の危機にある。

このようなことはアメリカでは先に起こっており、こうした現象を書いた本に、ＭＩＴ（マサチューセッツ工科大学）のエリク・ブリニョルフソン教授とアンドリュー・マカフィー教授の共著『機械との競争』（Race Against The Machine, 2011、日経ＢＰ社、２０１３）がある。この本は、デジタル化が進むと、いまある職業はどんどんなくなるということを取り上げ、大きな反響を呼んだ。実際、現代社会はそのような方向に進んでいる。

『機械との競争』では、機械（コンピュータ）が人間の仕事を奪う。コンピュータは今後、人間しかできないと思われてきた領域にもどんどん侵入していき、仕事は、ごく一部の知的エリートがやる仕事と、肉体的労働に二極化されるとされている。

士業の崩壊は、それを端的に裏付ける。まさか、弁護士や会計士、税理士がいらなくなるとは、ちょっと信じ難いが、すでにそうなっている国がある。この国では、会計士や税理士はほぼいなくなってしまったのだ。

エストニアが実現させた「電子政府」

士業が崩壊した国、それはエストニアだ。エストニアは、最近、世界中から注目されている。日本人にはなじみの薄い国だが、ＩＴ関係者、ＩＴ起業家は、この国の首都タリンによく行っている。

それは、このバルト3国のなかで国土面積でも人口でもいちばん小さな国が、世界に先駆けて「eガバメント（電子政府）」を確立したからだ。

エストニアは、フィンランドからバルト海をはさんで対岸にある。だから、エストニアの首都タリンは、日本からは、他の欧州都市、パリやロンドンより近い。日本からいちばん近い欧州都市（直行便の飛行時間が短い）は、フィンランドの首都ヘルシンキである。そのヘルシンキから、バルト海を渡る高速フェリーで、約1時間30分で着く。

エストニアの人口は約131万人。1人当たりGDPは約1万9000ドルで、政府の財政収支や債務残高のGDP比も低い。では、こんな小さな国がなぜ、「eガバメント」を実現させたのだろうか？

それは、冷戦時代のソ連の電子産業が、タリンに集まっていたからだ。ソ連の科学技術者たちは、タリンで、大陸間弾道弾や宇宙ロケットの軌道計算などの独自技術を開発していた。その後、冷戦終結でエストニアは独立したが、多くのソ連人科学技術者がここに残り、ソ連時代の科学技術が引き継がれた。

エストニア政府はその遺産で、IT立国を目指し、世界に先駆けて「eガバメント」を確立したのである。

日本でも、政府・地方自治体のIT化は進んできた。かつて「e-Japan《イージャパン》」構想が打ち出され、その後、住基ネットなどが実現した。しかし、日本の「ｅガバメント」は、政府の行政機関、各地方自治体がバラバラに取り組んだ結果、各システムが統一されず、ツギハギだらけのものになってしまった。

しかし、エストニアは、各行政機関がバラバラに持っていたデータベース（ＤＢ）を連携させる「X-road」というシステムをインターネット上に構築し、統一的なシステムを完成させた。

現在、エストニア国民のほとんど（15歳以上）は、ＩＣチップの入ったＩＤカード（身分証明書）を持っている。これにより、「ｅガバメント」の統一ＤＢからすべての行政サービスを受けられる。選挙も電子投票、会社登記、税金の申告なども、すべてオンラインで行える。１枚のＩＤカードが、身分証明書、運転免許証、健康保険証などの役割を果たし、ＰＣやスマホからＤＢにアクセスするだけで、世界中どこにいても、行政手続きが行え、行政サービスが受けられる。

エストニアの「ｅガバメント」がすごいのは、統一ＤＢには、個人ばかりか登記された会社の銀行口座まで入っていることだ。これにより、銀行取引から家計簿の構築まで、すべてがオンラインでできる。もちろん、税金は自動的に計算されるので、納税もオンラインでできる。

これでおわかりと思うが、こうなると、税理士や会計士の仕事はなくなってしまうのである。

実際、エストニアでは、このような専門的な「士業」がほぼ消滅した。

「eガバメント」の次は「eレジデンシー」

エストニアの「eガバメント」は、いまも進化を続けている。最近では、世界で初めて「eレジデンシー（電子居住）」を実現させた。これは、エストニア国内に住んでいなくとも、エストニア居住者と同じようなことが可能になるというシステムだ。

『ロイター（Reuters）』通信の2014年12月7日配信記事によると、エストニア経済通信省の通信・国家情報システム事務次長、ターヴィ・コトカ氏は次のように語っている。

「エストニアはデジタル技術が非常に進んでいます。そこで自国をデジタルな方法で開放してはどうかと考えました。それは、住みたいかどうかに関係なく、エストニア経済の一員になることができる方法です」

つまり、エストニアという国は、いまやリアル世界はもとよりバーチャル世界にも存在するのだ。バーチャル世界では、地政学に縛られることはない。かつて私は、「21世紀はネットワークこそが国家だ」（『脱ニッポン富国論』文春新書、2013）と書いたが、それをエストニアは実現させた。

エストニアの「eレジデンシー」の狙《ねら》いは、オンラインサービスの充実で、エストニアへの投資を増やすことである。そうやって、国家を繁栄させることである。以下、ロイター記事を引用する。

《東欧には多くのチャンスがある。このバーチャルサービスは、投資に可能性を感じているが慎重になっている人達には魅力的に映るだろう。

コトカ氏は次のように語る。「エストニアでは3万社が事業を行っています。例えば、この政策によって1万社でも増えることになればエストニアにとっては大成功なのです」。

すでに1万２０００人が電子居住を申請している。エストニアは２０２５年までに１０００万人の電子居住者獲得を目指している》

《現時点では、完全にエストニアに入国しなくてもよいというわけではない。電子居住カードを手に入れるためには、２週間に2度、国境警備事務所や警察署に赴く必要がある。

だが将来はそうとは限らない。エストニアはバーチャル大使館の開設を予定しており、電子居住者はエストニアに入国する必要がなくなるだろう》

このような「eガバメント」「eレジデンシー」が機能すれば、政府や行政機関も人手が少なくてすむ。日本では、役所の窓口に戸籍係や住民票係の人間がいて、手作業で文書を公布している。税務署も、オンライン申告が可能になったとはいえ、それでも確定申告の時期には臨時職員まで動員して、人の手で申告処理を行っている。

しかし、こうした仕事が確実になくなる未来が、エストニアの現状からは見えてくる。

アマゾンは「倉庫ロボット」導入で人間をリストラ

先の『機械との競争』では、コンピュータで置き換えられる仕事は、今後、どんどんなくなっていくが、最低限、肉体労働は残る可能性が示された。しかし、それすらも、現実的にはなくなっている。

その典型が、工場がオートメーション化され、ロボットが生産などにかかわるようになったため、工場労働者がどんどんリストラされていることだ。

この点で、最近、衝撃的なのは、アマゾンの配送センターへのロボット導入が急速に進んでいることだ。アマゾンは２０１４年から、非難轟々《ごうごう》だった配送センターでの過酷労働を改善するため、集荷ロボットを導入した。その結果、最大１０００億円の人件費が削減され、アルバイトなどの職員が何百、何千人単位で解雇された。

アマゾンは、２０１２年に「Kiva systems」というロボット会社を買収した。そして、「Kiva」が開発した倉庫ロボットを配送センターに導入した。

この倉庫ロボットは、これまで人間が行っていた倉庫の棚から注文された商品を集めてくる作業を、自動的に行うようになった。その仕組みは、目的の商品がある棚のところにロボットが行き、棚自体を持ち上げて担当者の所まで持ってきてしまうというもの。この棚から、人間が商品を取り出して、パッケージングを行う。

これまでは、この作業をすべて人間が行っていた。だから、作業員は遠い棚の所まで歩いて行く必要があり、作業時間内に何十往復もすることが、〝奴隷労働〟と批判された。

しかし、ロボット導入で、この作業がなくなった。しかも、作業効率が従来の２〜３倍に向上したという。

現在、倉庫ロボットは、アメリカ国内にあるアマゾンの配送センターで次々に導入されている。日本のアマゾンではまだ導入されていない。しかし、じきに導入されるだろう。

アマゾンは世界中に１０９の配送センターを置いているが、ジェフ・ベゾスＣＥＯは、２０１４年5月の株主総会で、ロボットの数を今後1万台に増やすと明らかにしている。それに伴い、どんどん人間がいらなくなる。

アマゾンでは、商品の配送を「ドローン」（無人飛行機）で行う計画も進めている。もし、これが実現すれば、配送業者の商品を配送するトラックは必要なくなり、ドライバーなども失業する。

グーグルが、ドライバーがいらない自動走行車の開発を進めているのは、ご存じだと思う。

これも実現すれば、トラックドライバーはもとより、バスなどの交通機関の運転手、タクシーの運転手などもいらなくなる。

こうやって見てくると、政府から民間企業にいたるまで、今後、多くの仕事がなくなるのは明白だ。政府や自治体はスリム化され、民間企業の多くもＩＴ化、機械化でスリム化される。そのため、コストは大幅に削減されるが、その代わりに数多くの人間が職を失う。仕事を失った人間は、どうしたらいいのだろうか？

政府の仕事は、「雇用をつくること」であるという。しかし、いまや多くの仕事は機械がやり、手続きや決済から買い物までオンラインでなんでも可能になった。政府はもはや雇用をつくり出せない。政治家が言っていることはウソである。

今後10～20年で約47％の仕事が自動化される

日本の政治家は、こうした問題に対する本質的な議論を避ける傾向にある。

２０１４年12月の総選挙を見ていても、各政党は単に「正社員をもっと増やす」「非正規労働者の待遇を改善する」「生活者本位の国をつくる」などというお題目を並べただけだった。

たとえば、「人への投資」「厚く豊かな中間層の復活」と民主党は言っていたが、いったいどうやったらそれが実現できるのだろうか？

今後、企業は投資するといっても、「人へ」ではなく「機械へ」にするだろう。アマゾンがロボットに投資したように……。ロボットには給料もいらないし、福利厚生施設も年金負担も必要ない。

おそらく、あと10～20年すれば、現在の「パソコンやスマホが使えない高齢者」はほぼいなくなる。そうして、誰もがオンラインに接続しなければなにもできない世の中がやってくる。そうしたとき、エストニアのような社会は、世界中で確実に実現している。

しかし、その社会は失業者だらけになりかねない。

将来なくなる仕事について、具体的に調査・研究した論文がある。オックスフォード大学でＡＩ（人工知能）などの研究を行っているマイケル・Ａ・オズボーン准教授がカール・ベネディクト・フライ研究員とともに著した『雇用の未来―コンピュータ化によって仕事は失われるのか』（HOW SUSCEPTIBLE ARE JOBS TO COMPUTERISATION）だ。

この論文は、『機械との競争』をより具体化したもので、今後、いまある７０２の職種がどれだけコンピュータ技術によって自動化されるかを分析している。その結果、今後10～20年程度で、「アメリカの総雇用者の約47％の仕事が自動化されるリスクが高い」と結論している。

つまり、いまある仕事の約半分がなくなるのである。

この論文に基づいて、『週刊現代』（２０１４年11月1日号）は、〝あと10年で「消える職業」「なくなる仕事」〟という特集記事を組んだ。この記事は、「消える職業」「なくなる仕事」を一覧表として紹介したため、その後、就活学生とその親たちに大きな反響を呼んだ。

医者、弁護士、金融トレーダーなどは不要に

『週刊現代』記事のなかで、オズボーン准教授は次のように語っている。

「最近の技術革新の中でも注目すべきはビッグデータです。これまで不可能だった莫大な量のデータをコンピュータが処理できるようになった結果、非ルーチン作業だと思われていた仕事をルーチン化することが可能になりつつあります」

その具体例として挙げられているのが、まず「医療診断」。アメリカのニューヨークメモリアルスローンケタリングがんセンターでは、IBMと協業のもとに、AIコンピュータが、患者個々人の症状や遺伝子、薬歴などをほかの患者と比較することで、それぞれに合った最良の治療計画をつくっている。

つまり、医者という仕事の一部が機械に置き換えられている。

次が「法律分野のデータ処理」。たとえば、裁判前のリサーチは、いまやコンピュータの仕事で、何千件もある弁論趣意書や判例はほぼデータベース化されている。たとえば、シマンテック社の法務サービスを利用すると、2日間で57万件以上の文書を分析して分類することができ

るという。

この結果、弁護士アシスタントであるパラリーガルや、契約書専門、特許専門の弁護士の仕事は、ほとんどいらなくなっている。

「金融業界」に目を転じても、コンピュータは人間の仕事を奪っている。すでに、ウォール街では、人間のトレーダーよりも大量かつ迅速に、コンピュータがプレスリリースや決算資料を分析している。そして、それに基づいた投資判断まで下している。

もはや、判断を外してばかりいるアナリスト、エコノミスト、トレーダーは不必要なのだ。最近では、コンピュータのファイナンシャル・アドバイザーによる、オンラインの資産運用アドバイスが人気になっている。

「なくなる仕事、不要になる職業」を、さらに挙げると、学校教師がある。日本の学校では、いまだに教師が黒板に書くことを生徒がノートに写すような授業をやっている。しかし、こういう教師はもはや必要ない。

知識だけなら、グーグルが勝っている。さらに、教室で授業を受ける必要もない。

いまやオンライン教育の時代に入り、誰もが「MOOCs《ムークス》」で世界最先端の授業を受けられる。「MOOCs」革命は、全世界に広がっている。モンゴルの大草原に育った遊牧民の若者が、「MOOCs」でＭＩＴ（マサチューセッツ工科大学）の奨学生として受け入れられる時代だ。

こうなると、そのうちコンピュータ教師が、個々の学生に応じた講習や評価も行えるようになるだろう。となれば、フェイストゥーフェイスで、なにか特別なことを教えられる教師以外は、今後、必要がなくなる。

同じような理由で、不必要になったのが、スポーツの審判である。野球のメジャーリーグでも、最近はビデオ判定が導入されている。これを見れば、この先どうなるかは見えてくる。ほとんどのスポーツで、コンピュータ審判が導入されるのだ。

ただ、機械だけでは寂しい。それで、人間の審判を置くだろうが、それもほんのわずかだ。

消える可能性が強い仕事、生き残れる仕事

では、オズボーン准教授の研究論文から、702の職種のうち、コンピュータによって代替される可能性が高い仕事、逆に、失われる可能性が低い仕事を列記してみたい。

［コンピュータによって代替される可能性の高い仕事：ワースト10］

693位：新規顧客アカウント作成スタッフ

694位：写真処理労働者および加工機オペレーター

695位：税務申告者

696位：貨物の荷積みスタッフおよび代理店
697位：時計の修理工
698位：保険引受け業務
699位：数理技術者
700位：裁縫師
701位：タイトル審査・調査
702位：電話営業

これら以外に、データ入力者（キーパンチャー）、電話オペレーター、スーパーなどのレジ係といった職業、さらにレストランの料理人、ウェイター、自転車修理工、ツアーコンダクターなどの職業も失われる可能性が高いと判断されている。

［コンピュータによって代替される可能性の低い仕事：トップ10］
1位：レクリエーションセラピスト
2位：最前線のメカニック、修理工
3位：緊急事態の管理監督者

4位：メンタルヘルスと薬物利用者サポート
5位：聴覚医療従事者
6位：作業療法士
7位：義肢装具士
8位：ヘルスケアソーシャルワーカー
9位：口腔《こうくう》外科
10位：消防監督者

こうして見ると、消えない職業は、人間対人間で成り立ち、それもメンタルな部分にかかわる職種、さらに常に最先端の技術を扱う職種が多い。

「3Dフードプリンタ」により料理人がいらなくなる

最近、私が驚いたのが、料理ができる3Dプリンタが、アメリカやスペインで開発中というニュースだ。3Dプリンタについては、すでに実用化しているが、まさか食べ物までできるとは考えもしなかったからだ。

アメリカでこれを開発しているのは、テキサス州に本社を置く「システムアンドマテリアルズリサーチ社」。ＮＡＳＡの中小企業向け出資プログラムで12・５万ドルを獲得し、宇宙食をつくるための「３Ｄフードプリンタ」を開発中だ。

「３Ｄフードプリンタ」は、乾燥したタンパク質や脂肪などの栄養素や香料などが詰められたカートリッジから、ピザやハンバーグなどを料理する。プリンタヘッドで油と水を混ぜ、それらがノズルから熱されたプレートの上に押し出されると、さまざまなかたちの料理が出力される。

スペインの「ナチュラルマシーンズ社」では、３Ｄフードプリンタ「フーディニ」を開発中だ。こちらは、外食産業用、家庭用だ。「フーディニ」もまた、カートリッジに詰められた成分を用いて、プリンタが料理をつくる。すでに、そうしてできたハンバーガーの映像がネットで公開されている。ナチュラルマシーンズ社は、「フーディニ」を、来年の前半までに発売をする予定だという。

「３Ｄフードプリンタ」が普及すると、どうなるだろうか？

将来消える職業には、外食産業で働く従業員が挙げられているが、それに、料理人まで加わるということだ。

もし、料理を忠実に再現できる３Ｄフードプリンタが一般家庭に普及した場合、外食するというライフスタイルがなくなる可能性もある。技術革新が進めば、３Ｄフードプリンタでつくれない料理はない、ということになってしまうからだ。つまり、「どうつくるか」は価値がなくなる。成分さえわかってしまえば、自宅で高級フレンチ料理の味をも再現できる。

それでも、「家で食べるより外で」という人は残るだろう。しかし、そこで出されるものも、人間のシェフではなく、3Dフードプリンタがつくっているとしたら、どうなるだろうか？

結局、料理という人間の手による究極の手作業も、コンピュータに置き換えられる。料理人、パティシエなどになるためには、養成学校やレストランで修業を積む必要がある。しかし、そうした努力は無となるので、養成学校はなくなり、レストランも形態を変えざるをえないかもしれない。料理学校もなくなり、料理研究家も職を失いかねない。

将来は、料理そのものには価値がなくなる。価値があるのは、栄養素や香料などの配合情報である〝レシピデータ〟だけだろう。

人間の知力を機械に置き換えている

というわけで、将来は、いま私たちの周囲にあるほとんどの仕事が変質するか、消滅する。私のいる業界を見渡しても、すでに印刷所から印刷工はいなくなり、デザイナー、写真家なども姿を消しつつある。編集者も記者もかなり数が減った。

すべて技術革新のせいである。とくにコンピュータによるＩＴ革命は、多くの仕事を消滅させた。

「もともと資本主義は産業革命とともに進展し、次々に人間の仕事を機械に置き換えてきた。これはイノベーションの宿命だ」と捉える考え方がある。この考え方だと、製造業は未来の雇用はつくり出せないことになり、実際、そうなっている。

ただし、人間のする仕事が減らなかったのは、これまでの機械化は、人間の力（パワー）を機械に置き換えるだけだったからだ。ところが、コンピュータは、人間の知力を機械に置き換えている。

『機械との競争』を著わしたマサチューセッツ工科大学のブリニョルフソンとマカフィー両教授、ノーベル賞受賞者のニューヨーク大学のマイケル・スペンス教授らは、『フォーリン・アフェアーズ』誌（２０１４年第7号）の記事「New World Order」で、次のような主旨のことを言っている。

「人工知能（ＡＩ）、ロボット、３Ｄプリンタを駆使したオートメーション化のトレンドは、いずれ途上国の非熟練労働者を直撃する。さらにその動きは、製造業を超えたセクターへ広がりをみせていく」《技術革新がグローバル経済を一変させている》《やがて経済は、革新して創造する少数のエリート集団によってますます支配される》

もちろん、「1つの仕事がなくなれば、また別の仕事ができる」という、楽観的な見方もある。

それは、「交通手段が馬車だったときは馭者《ぎょしゃ》という職業があったが、馬車がなくなって汽車の時代がきたら運転士という新しい職業が生まれた」ということに基づいている。

しかし、いまのイノベーションは昔とはまったく違っている。コンピュータはすでにＡＩの領域に近づいている。

中流層が転落する「第二の機械時代」

『機械との競争』を書いた2人は、その後、２０１４年年頭に、新著『The Second Machine Age（第二の機械時代）』を出し、前著の考え方をさらに推し進めている。彼らは、テクノロジーの進化には肯定的だが、その弊害にも目を向けることを主張している。

第二の機械時代というのは、機械が人間の知力を引き受ける時代である。これに対して第一の機械時代は、機械が引き受けたのは人間の労働だった。だから、われわれは「驚くべき進歩の時代」に生きているが、デジタル経済は「勝者総取り」(winner-takes-all) の傾向を強めているという。

所得格差は拡大し、中流の人間は金持ちになるどころか、よくて現状維持、実際はむしろ貧しくなっている。とくに、これまで中流層がしてきた定型的な頭脳労働の大半はコンピュータ化されるので、中流層の職はさらに空洞化される。

この結果、所得の2極化がいっそう進み、上位の小さな「勝ち組」集団とその下で苦しむずっと大きな集団に分かれるかもしれないと言う。

つまり、「1％と99％の社会」になるというのだ。

たとえば、２０１２年にはアメリカの上位1％の高額所得者は全所得の22％を稼ぎ、その割合は１９８０年代から2倍以上に拡大したことが、『第二の機械時代』で述べられている。

このように見てくると、私たちにとってより重要なのは、ピケティ教授が『21世紀の資本』が描く1％の富裕層への富の集中ではなく、『第二の機械時代』で指摘されている99％のなかでの所得格差の拡大である。

これをずばり指摘しているのが、ＭＩＴの経済学者デービッド・オーター氏である。オーター氏は、「上位1％のなかでの所得の増加は重要な問題だが、残り99％のなかでの技能や教育の格差は、これよりはるかに大きな問題だ」と言う。

アメリカでは、高卒と大卒の所得の中央値の差を見ると、１９７９年には男性が1万７４１１ドル、女性が1万２８８７ドルだった。これが２０１２年には、男性3万４９６９ドル、女性2万３２８０ドルに拡大した。つまり、教育は、所得に影響を及ぼすもっとも大きなファクターだった。

これはいま、第二の機械時代になって、さらに拡大している。デジタル化に対応できる人間とできない人間との所得格差は、やはり教育からきているからだ。つまり、デジタル化に対応するためには、これまで以上の高い能力とスキルを要求されるようになり、そうした教育を受けていないと、今後は職もないからだ。

もはや、大学をフツーに出ただけでは、日米ともに、これまでのホワイトカラー的な職はない。アメリカでも日本でも、いまや単なるホワイトカラー（日本では正社員）の求人は減り続けている。その代わり増えたのは、機械で自動化できない清掃サービスやレストランの従業員のような低賃金の職種だけである。

この章の冒頭に安倍首相の「雇用１００万人増」発言を書いたが、はたして彼は、このような時代が到来することを承知しているのだろうか？

アベノミクスはこうした時代の到来に即した政策を打ち出しているのだろうか？

先進国の場合、いまある仕事がなくなる近未来に対して、対処する方法は、教育しかないと考えられる。なぜなら、未来を見据えた教育を受ける以外に、格差拡大から逃れる道はないからだ。

教育を間違えば、未来に待っているのは、どうやっても機械化できない単純な肉体労働だけしかない。

生きていくために必要なことを身につけること

いまだに、日本の学校では、教師が黒板に書いたものをノートに写して暗記するというような教育が平然と行われている。そうしないと、試験でいい点を取れないからだが、こういう光景を見るたびに私は絶望的になる。

アベノミクスでも、さんざん教育改革が言われてきた。しかし、ほぼなにも変わっていない。これでは、子供たちの将来は本当に危ういと思う。

日本では教育基本法の第５条第２項で、教育の目的を次のように述べている。

「義務教育として行われる普通教育は、各個人の有する能力を伸ばしつつ社会において自立的に生きる基礎を培い、また、国家及び社会の形成者として必要とされる基本的な資質を養うことを目的として行われるものとする」

まさにそのとおりである。教育の目的は、子供たちが将来大人になったとき、生きていくために必要な知識や教養とスキル（技能）を身につけさせることだと、私自身も思うからである。

しかし、それが本当に行われているかと言えば、残念ながら絶望的だ。現在の日本の教育には、２つのことが決定的に足りない。１つは、英語教育、もう１つがＩＴ教育（コンピュータ教育）である。

やっと始まった日本のプログラミング教育

英語教育とＩＴ教育。このうち、英語教育については、これまでの自著のなかでも繰り返し書いてきた。だからもうあまり触れたくない。ただ、このグローバル時代、英語ができないと、やれる仕事は限られてしまうとだけは、言っておきたい。

ただ、英語といっても、英語を他教科と同じように勉強するという話ではない。私は、数学や理科などは英語で教えるべきだと思っている。

そして、ＩＴ教育に関しては、当然、英語でやるべきだと思っている。

アベノミクスの教育改革では、英語教育の小学校3年までの低学年化、大学受験へのＴＯＥＦＬ導入などが打ち出された。しかし、これは英語を単なる1つの科目と捉える改革にすぎない。本当に子供たちに英語を話させたければ、他教科の授業も英語にすべきなのだ。

とくに、始まったばかりのＩＴ教育の1つ、プログラミング教育は英語でやるべきだろう。

日本では平成24年度（２０１2年度）の新学習指導要領により、中学校の「技術・家庭」で、それまで選択科目だった「プログラムと計測・制御」の必修化を打ち出した。

この「プログラムと計測・制御」は、（ア）コンピュータを利用した計測・制御の基本的な仕組み、（イ）情報処理の手順と簡単なプログラムの作成、という内容だ。ようするに、ＰＣを使って、プログラムをつくれるようにする。そのやり方を教えるというものだ。しかし、やっと必修化のスタートラインに着いたばかりで、しかも中学生からでは遅すぎる。

これまで述べてきたように、今後、圧倒的なスピードで、単純労働はなくなる。簡単な事務作業もなくなる。すべて機械（コンピュータ）がやるようになる。すでに、キーパンチャー、電話オペレーター、スーパーなどのレジ係、会社の受付係などは、ほぼなくなろうとしている。

これからは、さらに、専門的とされる会計士や弁護士の仕事まで、機械に仕事を奪われ、なくなっていく。

そんななかで、ただ1つ需要が見込めるのが、コンピュータプログラマーである。また、仕事がどんどんコンピュータに奪われていくことを考えると、誰もがコンピュータを上手に扱えることが必要になる。

さらにコンピュータスキルで、大きな差がつかないようにしないと、社会的格差は広がる一方になる。

こうした観点から、いま世界中でプログラミング教育が始まっているのだ。しかも、日本と違い、多くの国で小学生からである。小さいときからコンピュータに親しませる。そうして、これを使いこなせるようにすることは、いまや世界中の教育者の大きなテーマなのである。

プログラムをつくるためには、プログラミング言語を学ばなければならない。

プログラミング言語は英語である。ならば、プログラミング教育ははなから英語で行えばいい。これは、同時に英語も身につくから、一石二鳥であるというのが、私の考えだ。

しかし、おそらくいまのままの日本ではこれは実現しない。また、プログラミング教育を小学校から始めるということも行われないだろう。

なぜなら、英語教育と同じ理由で、それができる教員がいないからだ。日本の教育行政は、子供より大人たちの都合で成り立っている。

オバマ大統領自ら訴える重要性

では、世界のプログラミング教育はどうなっているのだろうか？

ＩＴ先進国アメリカでは、「５歳から必修化」しようとしている。２０１４年、プログラミング教育の推進を進めるＮＰＯ団体の「Code.org」が行ったキャンペーンでは、オバマ大統領が自らその重要性を訴え、子供たちにビデオメッセージを送っている。このＮＰＯは、現在「Hour of Code」（小中高生がプログラミングに慣れ親しんでもらうためのプログラム）というキャンペーンを継続中で、世界１８０カ国で約４０００万人が参加している。

以下、オバマ大統領のメッセージの要約を、ウェブから引用してみよう。

《プログラミングを学ぶことは、みなさんの将来にとって重要なだけでなく、アメリカにとっても重要です。アメリカが最先端であるためには、プログラミングや技術をマスターする若手が必要不可欠です。

新しいビデオゲームを買うのではなく、つくってください。最新のアプリをダウンロードするのではなく、設計してください。それらをただ遊ぶのではなく、プログラムしてください。

誰もがプログラマーとして生まれたわけではなく、少しのハードワークと数学と科学を勉強していれば、プログラマーになることができます。あなたが、誰であっても、どこに住んでいてもコンピュータはあなたの将来において重要な役割を占めます。あなたがもし勉強を頑張れば、その未来は確かなものとなるでしょう》

ヨーロッパ各国でも進むプログラミング教育

ヨーロッパ各国でも、プログラミング教育は進んでいる。北欧のIT先進国フィンランドでは、2016年から小学校でのプログラミング教育の必修化が決まった。1～2年生からプログラミングに触れ、自らゲームやツールをつくる体験をさせるという。

フィンランドでは、幼稚園から小中高、大学まで、教育はすべて国が無償で提供している。しかし、国は現場をコントロールせず、各学校や教師の裁量に任せている。そのため差はあるが、PCやタブレットを使った教育はとっくに導入されていて、紙と鉛筆と黒板による授業は過去のものとなっている。

フィンランドと同じようにプログラミング教育を重視しているのが、エストニアだ。小学校1年生から、アプリ開発の手ほどきをしている。

この2国には及ばないイギリスでも、義務教育の最終学年の16歳でのプログラミング教育が実施されている。政府は、教師に対してプログラミングの教育訓練事業を開始することを発表し、予算を組んでいる。ドイツは徹底した職業教育の国だが、その過程でプログラミング人材を養成している。

「ICT教育」でも出遅れている日本の教育現場

プログラミング教育を進めるには、教育現場にIT機器が導入されねばならない。IT器機を用いた教育を「ICT教育」と呼んでいる。具体的には、生徒がタブレット端末を利用して学習する、デジタル教科書を使う、電子黒板を使うなどである。じつは、このICT教育でも、日本は大きく遅れている。デジタルネイティブの時代が来ているのに、生徒の多くが学校ではデジタル端末を使っていない。

たとえば、教育用コンピュータ1台当たりの生徒数は2014年3月現在で6・5人である。しかし、アメリカやシンガポールは、すでに2・0人を切っている。韓国も4・7人である。これに慌てた政府は、２０２０年までに全国の小中学校で1人1台のタブレット端末を配布することを目標として打ち出した。ただ、２０２０年だから遅すぎる。

ＩＣＴ教育、プログラミング教育がいかに大事か、ぜひ、みなさんに見てもらいたい動画がウェブ上にあるので、紹介したい。この動画に登場する、角南萌さんは、現在アメリカンスクール・イン・ジャパン（ＡＳＩＪ）に通う中学生。「全国小・中学生作品コンクール（パソコン部門）」において文部科学大臣奨励賞を受賞、また、２０１２年にリリースしたタイマーアプリ「見えるプレゼンタイマー」は4万ダウンロードを記録し『アプリ甲子園２０１２』（「Edu × Tech Fes 2013 U-18」）で優勝している。

彼女は、この優勝のプレゼンで、日米の教育を語った。それが見てもらいたい動画である（http://www.youtube.com/watch?v=C1Yb9IF6XOI）。

帰国子女の角南さんは、アメリカで小学校に通いだした2年生のとき、向こうで広く使用されている「Raz-Kids.com」を使い、英語の勉強を始めた。「Raz-Kids.com」は、英語のナレーションに合わせて少しずつ難しい本を読んでいくことで、英語の本が読めるようになるというウェブ教材だ。そして、3年生からは、友達とＷｅｂサイトをつくることに熱中した。

そういう小学校生活を経て帰国した角南さんは、日本の学校に入って大きなカルチャーショックを受けた。アメリカではＰＣは教育に不可欠なツールなのに、日本ではまったく使われていないからだ。
角南さんは、そうした日米の教育の違いを次のように言っている。
《計算力がつくと、テストの順位が上がる。これは、測れる学力です。しかし、発想の新しさやコミュニケーション能力など、測れない学力もあると思う。日本の中高生も、いつかは学校を出て、社会に出て、世界の人と情報やアイデアを交換し合い、新しいものをつくり出さなければなりません。そのときに、ＩＴを使いこなせなくて、はたして自立した大人になれるのでしょうか？》
《ＩＴは、アイデアをかたちにする道具です。子供なら誰でも持っている『クリエイティブな発想や可能性』を広げてくれる、とてもためになるツールです。しかし、日本の学校が受験のための暗記学習に力点を置いている限り、ＩＴが教室に入り込む余地はありません》
《テクノロジーの導入だけではなく、授業や試験のかたちそのものを改革しなければ意味がない。テクノロジーを学んで終わりではなく、テクノロジーをツールとし、興味があることを勉強したり新しいことをつくり出す教育が必要です。ＩＴを使うか使わないか迷っている暇はないと思います》
これが、中学生の意見である。

第7章

「永久円安」時代の資産防衛

資産フライトで海外での申告漏れが激増中

現在、多くの資産家、富裕層が、海外に資産を移している。これに一般層が続いている。たとえば、海外勤務を経験したエリートサラリーマン、成功した若い世代の起業家などは、富裕層より積極的だと言っていい。最近では、タイやフィリピン、マレーシアなどの海外不動産投資も人気で、マレーシア、セブ島などへの母子留学もブームになっている。シンガポールには、起業を目指す若者やアジアビジネスを拡大させたい事業家たちが集まっている。

つまり、おカネばかりではなく、人間までも日本を離れるようになったのである。これは、日本企業の海外移転とそっくり同じ構図だ。

結局、こうしないと、若者たちにとっては資産を築くチャンスはなく、投資家や富裕層にとっては、知恵と汗とでつくった資産は守れないのである。

政府が間違ったことばかりして国民の富を毀損《きそん》する国では、円で資産を持つ意味がないからだ。円安が進めば、この傾向はますます顕著になるだろう。

2014年から、国税庁は「国外財産調書」の提出を義務付けた。海外に5000万円以上の資産を持つ人間（日本国内居住者）は、翌年の3月15日までにこの調書を提出しなければならなくなった。調書の記載事項は、①提出者の住所氏名、②財産の種類、③数量、④価額、⑤事業用か一般用（事業用以外）かの区別、⑥備考だから、海外資産は調書を出せば国税に筒抜けになった。しかも、もし出さないで海外資産の保有が判明すると罰則が待ち構えている。

しかし、この程度では「資産フライト」は止まらない。

国税庁は、毎年、相続税調査の実績を発表している。2014年に発表されたその調査実績によると、2013年度の相続税調査は1万1909件、このうち申告漏れは9809件で、全体の約83％だった。

申告漏れの相続遺産は合計で3087億円、1件当たりにすると2592万円、追徴税額は計539億円。このなかで、国税庁が悪質とした脱税件数は1061件だった。

この件数は、毎年少しずつではあるが減少傾向にある。ところが、「海外資産関連事案」に係る調査件数による申告漏れは、毎年ものすごい勢いで増加しているのだ。

2013年の海外資産関連調査による調査件数は753件、このうち申告漏れは704件で、海外資産の申告漏れ遺産総額は約163億円だった。この約163億円は、前年比で、なんと520％増なのである。

いかに、富裕層が海外に資産を移し、そこで相続を行っているのかが、これでわかると思う。

海外に出て行くならカネを払えという税金

では、前記した国外財産調書のほうはどうなっただろうか?

国税庁が発表した2013年12月末現在の国外財産調書の提出状況によると、5000万円以上の海外資産を保有している人は5539人となっていた。この5539人の海外資産の合計額は2兆5142億円で、そのうち約2兆円は有価証券と預金だった。不動産は、わずか2672億円である。

この数字を見て私は、驚くというより、やはりと思った。どう考えても、こんな少ないわけがないからだ。つまり、調査提出義務のある人間の多くが調査を出していないとしか思えないのだ。

ただしもっと驚いたのは、2兆5142億円の海外資産のうち東京国税局の管轄の人間が、2兆989億円保有しているという事実だった。大阪国税局管轄が1790億円、名古屋国税局管轄が931億円だから、東京圏の人間が約8割に達している。ということは、東京圏の富裕層のほとんどが海外資産を持っていると推察がつく。

日本も、欧米諸国と同じように、個人資産のグローバル化が進んでいるのだ。

正直に申告しているかしないかは別として、こうしたことを背景にして、国があっという間に決めたことがある。「出国税」（Exit Tax）」の創設である。

この国では、消費税のような全国民を巻き込む以外の税金は、官僚と与党のさじ加減で決まってしまう。その格好の例が出国税で、「2015年度税制改正大綱」に特例（正式名称は「国外転出をする場合の譲渡所得等の特例」）の創設として盛り込まれて閣議決定され、2015年7月からの実施が決まった。

出国税というのは、簡単に言うと、「国外に出て行く人間が持つ財産に出国の際に課税する」というもので、財務省は富裕層が財産を持って国外に出ていくのをなんとしても阻止したいわけだ。

少し具体的に内容を書くと、たとえば日本で株式を売って利益が出た際のキャピタルゲイン課税は20％（＋復興特別所得税0・315％）となっているが、香港やシンガポールなどのオフショアでは0％（無税）である。そのため、株を保持したままオフショアに転居して、そこで株を売却すれば合法的に節税できる。これをストップさせようというのだ。

ただし、実際に売ったか売ってないかにかかわらず、計算上のキャピタルゲインには課税するという点と、5年という猶予措置はあるが海外に永住権を得て移住するのではなくても、原則一律に適用されるという点に大きな問題がある。なぜなら、これだと、完全な移住者ではない、たとえば起業のための海外居住者や、海外事業への投資のための出国者などもひっかかるからである。出国時の資産の評価額が「1億円未満」は適用外となっているが、富裕層以外の人々の資産まで、あわよくば課税しようというのだから、かなり厳しい税金だ。消費税やそのほかの増税と併せて考えると、日本の財政は、あまりに逼迫《ひっぱく》していると言えるだろう。

すでに２０１５年1月から所得税の最高税率も55％に上がって、世界でも最高水準に達している。この先には、増税メニューが目白押しだ。日本は明らかに「重税国家」への道をひた走っている。

しかも、こうした政府の重税路線に加えて、私たちに追い打ちをかけるのが、２０１６年からスタートする「マイナンバー制度」だ。これは、国民が1つのナンバーで管理されることとなので、銀行口座などにナンバー（番号）がヒモ付けされれば、すべての資産が丸裸にされる。

このように見てくると、今後は、富裕層はもちろん一般国民まで、円による経済のなかで暮らすかぎり、自分の資産は守れなくなるだろう。まして、資産を増やすことなどほとんど不可能だろう。

資産は円で持たず、海外口座で運用する

それでは、ここまでのことを踏まえて、今後、円の価値がどんどん目減りしていくなかで、「資産を守る」「資産を増やす」にはどうすればいいのかを考えてみたい。

まず言えるのは、生活資金と税金を納めるためのおカネ以外は、円では資産を持たないことである。キャッシュではもちろん、円ベースでの資産は、なるべく持たないことだ。賢い投資家なら、預貯金も投資用の資金もすべてドルにするだろう。そして、投資をするなら、日本の金融機関を通じて投資をしないはずだ。

実際、すでに多くの富裕層、投資家、一般人までそうしている。国内しかわからないフィナンシャルプランナー、国内金融機関のサラリーマンアドバイザーは別にして、賢明な投資アドバイザーたちは口を揃《そろ》えてこう言う。

「単純な話、この先のインフレと円安を考えるなら、日本の銀行に預金をするなんて考えられません。生活のための決済に使う口座以外は、日本の銀行に持つ意味はないでしょう。普通預金から定期まで、なんらかの口座をつくってそこに円を入れても、それはほぼ間違いなく増えないし、もし銀行になにかあれば預貯金は１０００万円しか保護されません（ペイオフ制度）」

ペイオフに関して言えば、アメリカ国内の銀行に預けた預金は、非居住者であっても預金保険によって25万ドルまで元金と利子が保護される。香港は50万香港ドル（ＨＫＤ）、シンガポールは5万シンガポールドル（ＳＧＤ）まで保護される。欧州各国でも多くの国で10万ユーロまで保護される。

「将来の財政状況がまったく担保されていない国では、金融機関は危機が来たときどうなるかはわからない。それも視野に入れれば、この国で、いざというとき国家が救済するはずのメガバンク以外の国内の金融機関を利用する意味はあまりないと思います」

こうして、あるサラリーマン投資家は、給料をもらうたびに生活費をのぞいて、すべてドルに両替してタンス預金にしている。また、別のサラリーマン投資家は、まとまった資金ができるたびに、海外の金融機関に持つ口座に送金してドルやそのほかの外貨に換えている。この場合、税務署に報告が行かない100万円未満にしているが、マイナンバー制度が導入されればそれも無駄になる可能性がある。さらに、海外に銀行口座と証券口座を持ち、そこを通して富裕層と同じような投資をしている個人投資家も多い。地方の中小企業の事業主も、海外口座を持ち、なかには節税のためのオフショア会社を持っている者までいる。

海外口座にドルなどの外貨で預金したり、そこを通して金融商品に投資したりすることは、どんなに正直に日本国に税金を払おうとも、国内の金融機関を利用した資産保全や投資よりメリットがある。また、国内の金融機関を通すより確実で、しかも金融商品の選択肢も日本よりはるかに多い。

先に国外財産調書の提出者が5539人であることを書いたが、これは資産5000万円以上であり、しかも申告しない人間もいるので、日本人の海外口座数は少なくとも数万はあるだろう。

たとえば、アメリカは、国外預金口座開示義務を強化した「ＦＡＴＣＡ」（Foreign Account Tax Compliance Act：ファトカと呼ぶ）の発効に際して、スイスのＵＢＳ銀行に対して、アメリカ人の口座を開示させた。すると、その口座数はなんと7万口座以上に上った。

スイスの一銀行だけでもこうだから、世界第2位の富裕層国の日本人は、アメリカ人のせめて20分の1ぐらいは海外口座を持っていると、私は考えている。

それでは、海外口座を持つ日本人たちはどのような投資行動を取っているのだろうか？　これに関しては、後述するとして、その前に、なぜ、日本の金融機関を利用するのがほぼ無意味なのかを述べていきたい。

営業時間1日6時間で手数料がバカ高い

日本の金融は、世界の金融に対して閉じている。日本の金融はガラパゴス状態にあり、日本は「金融ガラパゴス国家」である。

アベノミクスの第三の矢は「構造改革」のはずなのに、なぜ、日本政府は国民に自由な金融サービスを受けられるようにしないのか、まったく不思議だ。日本の金融機関にも海外の金融機関と同じような金融サービスがあれば、私たちはわざわざ海外で資産を運用しなくてもすむ。日本人が持つ個人金融資産も大きく動き出し、経済は活性化すると思う。

しかし、現在、私たちは金融ガラパゴスのなかに閉じ込められている。賢い投資家たちが指摘する日本の金融ガラパゴスは次のような点である。

日本の銀行の窓口は、一部例外はあっても、午前9時に開き午後3時には閉まる。つまり、1日6時間、週5日で30時間しか営業していない。しかも、他行への送金などの業務は午後2時を過ぎると受け付けてもらえない。役所でももう少し長い時間窓口業務をやっている。世界がいくら広いと言っても、日本の銀行のような銀行は珍しい。

さらに、ATMを利用すると、自分の預金を引き出すだけでも105円、210円といった手数料を取られる。また、預金引き出しばかりか、両替、残高証明書の作成、当座小切手用紙の交付など、なにかするたびに手数料を取られる。

それだけではなく、銀行は貸出先（企業）からも、条件変更の手数料、繰り上げ返済の手数料まで取る。これでは、ほぼゼロ金利のこの時代に、口座を持つ意味はほとんどない。

手数料といえば、日本の銀行の外貨両替手数料は驚くほど高額である。たとえばドルの場合、1000ドル両替すると、10000円～20000円も取られることがある。ドルの場合、1ドルにつき1～2円と手数料が決められているからだ。

日本にやって来た外国人が不満をもらすのも、ATMである。「なぜこんなに多くのATMがあるのに、自分のキャッシュカードで現金を引き出せないのか？」と、彼らは言う。セブン銀行など一部の例外はあるにせよ、日本の銀行のＡＴＭは世界とは繋がっていない、まさにガラパゴスそのものだ。

現在、メガバンク３行は２０２０年の東京オリンピックまでに、ほとんどのＡＴＭを海外のキャッシュカードに対応させると表明している。しかし、ホンネは「開発コストがＡＴＭ１０００台で数十億円かかるので、あまりやりたくない」ということのようだ。メガバンク関係者に言わせると、いくら手数料を取っても、ＡＴＭは銀行業務の赤字分野で、最大のコストは現金の搬送コストだという。

預金金利に複利がなく、口座に共同名義がない

日本の銀行預金そのものも、またガラパゴスである。

日本には、海外では一般的な「複利預金」がない。一部の定期を除いて、すべて「単利預金」である。

たとえば、香港のようなオフショアの銀行の預金金利は、複利が当たり前である。単利と複利の差は、あのアインシュタイン博士が「20世紀最大の発見は（相対性理論ではなく）複利だ」と言ったと言われるほど大きい。

単利では、金利２％で１００万円預けたとすれば、１年後には２万円の利息がついて１０２

【図表17】複利運用・利回りごとの資産推移

	0%	5%	10%	15%	20%
5年後	600	680	772	875	993
10年後	1,100	1,420	1,853	2,435	3,215
15年後	1,600	2,366	3,595	5,572	8,744
20年後	2,100	3,572	6,400	11,881	22,503
25年後	2,600	5,111	10,918	24,571	56,738
30年後	3,100	7,076	18,194	50,096	141,926

単位：万円

万円になる。翌年2年目の利息も2万円で初年度からの元本と利息の合計は104万円となる。これに対して複利では、毎年元本とそれに付いた利息も含めた金額に利息がつく。

そこで、両者を比較すると、金利2％で単利なら、1年後は102万円、2年後は104万円、3年後は106万円となるが、複利だと1年後は102万円、2年後は104・04万円、3年後は106・12万円となる。

こうした2％という低金利で期間も短いと、その差はあまり開かないが、もし金利10％で期間も何十年となれば、その差はあまりに大きい。

上の【図表17】は、複利で運用した場合の利回りごとの資産推移を示したものだ。長期運用した場合の複利の威力は、これで十分にわかると思う。

この表は、初年度の元本を100万円、毎年の追加投資を100万円として、これを複利で運用していくと仮定したもの。年率利回りが5％なら25年後には5111万円、年率利回り10％なら1億9

18万円になる。

このように、預金だけでも複利なら長期間かければ資産形成ができるが、単利の日本ではこれができない。

さらに、銀行口座もまたガラパゴスである。

欧米では当たり前の「共同名義」口座（ジョイント口座：Joint Account）が、日本で認められていない。たとえばアメリカの金融機関に行き、口座開設を申し込めば、必ず口座の種類と名義人をどうするのか聞かれる。

口座には、「単独名義」（シングル口座：Single Account, Individual Account）と「共同名義」の2種類があり、どちらかを選択することになっている。共同名義では、複数の名義人（たいていは3人まで）を立てられ、その複数の名義人が1つの口座を維持・管理することになる。

こうすると、シングル口座の場合、仮に名義人が死亡した場合、預金の引き出しなどで資産を回収する際に複雑な手続きが必要になるが、ジョイント口座なら他方の名義人がそのまま全資産を引き継ぐことが可能になる、ジョイント口座で一般的なのは、夫婦連名の口座とか、親子の連名口座である。

このジョイント口座をめぐって、ハワイでこんな事件があった。

ホノルルでリタイア生活を楽しんでいたある資産家夫婦は、現地の銀行にジョイント口座をつくり多額の現金を預金していた。ところが、突然、夫がなくなり、子供たちが母親に対して、ジョイント口座内にある預金の相続を要求して裁判を起こしたのだ。

ジョイント口座では、名義人の片方が亡くなった場合、片方が引き継ぐ。これは、アメリカでは遺産相続とはされない。

したがって、裁判での焦点は、ジョイント口座が日本でいう遺産分割などの対象となる「相続財産」となるかどうかだった。結果は、子供たちの訴えはすべて斥《しりぞ》けられた。裁判所は、この件の預金契約は預金口座の所在地の法律により規定されるとあるので、それを尊重したのである。

日本の相続税法は、遺産を残した者に対しては懲罰的である。たとえば、口座名義人が死亡した場合、相続人が決定するまでは口座は凍結されてしまう。また、相続の手続きも複雑で、最高税率も欧米に比べて高い。ジョイント口座があれば、こうしたことに煩《わずら》わされないですむ。

外貨預金と外貨MMFとFXの比較

海外なら普通にアクセスできる金融商品も、日本の金融機関では取り扱っていないケースが多い。また、取り扱っていたとしても、手数料が高い。

とくに、投資信託などのファンドの手数料は、日本はバカ高い。これではいくらパフォーマ

【図表18】外貨預金と外貨MMFの課税比較

	利益の種類	外貨預金	外貨MMF
インカムゲイン	利息	20％源泉課税 ＋復興特別所得税 0.315％	20％源泉課税 ＋復興特別所得税 0.315％
キャピタルゲイン	為替差益	雑所得として 総合課税	非課税
キャピタルロス	為替差損	他の雑所得 と通算	なかったもの とされる

ンスがよくても金融機関が儲かるだけで、投資家へのリターンはわずかだ。

海外口座の話になったとき、よく聞かれるのが、「日本で外貨預金をしても同じではないですか？」である。このようなことを聞く人は、金融ガラパゴスに完全に洗脳されている。前記したように為替の手数料が高いこと、さらに引き出すときは必ず円になるので、ドル資産を持つという意味がなくなる。

円安ということで、金融機関が盛んに勧めるのが外貨預金だが、日本の金融機関を通しての外貨預金は、賢い投資家なら絶対にやらない。それは、外貨ＭＭＦと比べると税法上あまりに不利だからだ。

【図表18】は、その比較表である。

外貨預金の利息も外貨ＭＭＦの分配金（どちらもインカムゲイン）と同じように20％（＋復興特別所得税０・３１５％）が自動的に差し引かれる（源泉徴収）。しかし、換金した際の利益（外貨預金の為替差益、キャピタルゲイン）は雑所得となり、総合課税の対象になる。ところが、外貨ＭＭＦの場合は、これが非課税になるのだ。これは、外貨ＭＭＦが、投資信託扱いで、そのなかでも〝外国籍の公社債投資信託〟という区分になるからだ。

このように、外貨預金は課税の構造が複雑であることが大きなデメリットである。さらに、これに前記した手数料が割高であることが加わるので、円安差益を得たとしても、その差益幅はわずかにしかならない。

為替の手数料は、都市銀行の場合、片道1円が一般的。これが、ネットバンクだと、片道9銭になるが、手数料のことや利便性を考えるなら、ＦＸ（外国為替証拠金取引）のほうがはるかに利便性がある。ＦＸの場合、外貨預金の為替手数料にあたる「スプレッド」と言われる通貨の買値と売値の差額である手数料がかかるが、取引手数料はほとんどすべてのＦＸ会社で無料だ。

とはいえ、ＭＭＦもＦＸも海外の金融機関を通して、ドルベースで行ったほうがいいのは言うまでもない。

海外の銀行で口座開設が資産防衛の第一歩

これまで私は資産フライトを行っている人たちを数多く取材してきたが、彼らの最大の目的は、日本の金融ガラパゴスから脱出し、自分の資産を守ることだ。

日本にも海外銀行の支店があるが、ここを利用しても、海外にあるような金融サービスは受けられない。それに、いまでは金融ビッグバン後に日本に上陸した海外銀行の多くが撤退してしまった。

これは、日本の金融ルールが厳しく、また税法が複雑で、彼らが得意とする金融スキームやサービスに対してNGが連発されたからだ。シティバンクは2004年、2009年、2011年と3度も金融庁から行政処分を受け、とうとう嫌気が差して店舗を売却して出ていってしまった。HSBCも、小口の富裕層向けサービスができず撤退した。

そこで、やはり、資産フライトということになり、その第一歩として海外の金融機関に口座を持つことになる。

たとえば香港やマレーシア、シンガポールならHSBCのような銀行に口座を開く。そして、その口座をベースに日本より豊富にある金融商品に投資することになる。もちろん、預貯金だけでもかまわない。

オフショアはもとより、多くの国で非居住者の口座開設が認められている。また、日本から電話やネットを使い、書類の郵送で口座開設できる金融機関もいくつかある。ただし、弁護士や行政書士などによる認証が必要なケースが多いので、香港、シンガポール、ハワイ、アメリカ本土、オーストラリア、ニュージーランド、スイス、ルクセンブルグなど欧州諸国、イギリスと英領のオフショア、ケイマンなどのカリブ海のオフショアなどの銀行に口座を開設するには、1度は足を運ぶことになる。

ただし、アメリカの場合、非居住者は原則として銀行口座は開設できない。学生や駐在員として長期滞在すれば可能だが、ハワイ州だけは観光客でもパスポートを提示して身元を証明できれば、バンク・オブ・ハワイやファースト・ハワイアン・バンクなどで銀行口座がつくれる。

そのため、ハワイのローカルバンク3行には、おそらく万を超える日本人の口座があると思われる。

アメリカで証券口座を開きETFに投資

日本人が利用するという点から見ると、海外の銀行は大きく3つに大別できる。

それは、(1)アメリカ本土やハワイ州の銀行、(2)香港、シンガポールなどのアジアのオフショアの銀行、(3)スイスなどのプライベートバンクの3つだ。

(1)と(2)は一般人にとって十分利用可能だが、(3)は富裕層向けだけに、一般人にとってはハードルが高い。

では、順を追って少々ガイドしてみる。

まず、(1)のアメリカの銀行だが、ハワイ州を除いては外国人にとって簡単に口座は開設できない。とはいえ、投資ビザなどの保持者である富裕層をはじめとして、多くの日本人がシティバンク、ウェルズファーゴなどの支店に口座を持っている。

ただ、アメリカの銀行は一般的にドル口座の当座・普通・定期預金しかなく、ファンドなどの投資商品は取り扱っていない。そのため、投資目的なら、アメリカの証券会社にも口座を開き、銀行口座と組み合わせる必要がある。

アメリカの3大証券（E*Trade, Charles Schwab, TD Ameritrade）のうち、E*Trade（イー・トレード）とTD Ameritrade（TDアメリトレード）は日本居住の日本人の新規顧客の受け入れを停止していたが、2014年12月から再開している。ネット利用の個人投資家に人気が高かったFirstrade（ファーストトレード）も同じだ。

これらの証券会社を利用すれば、NY市場やNASDAQ市場に上場するブルーチップを買えるばかりか、ADR（米国預託証券）を通じてエマージング市場への投資も可能になる。ADRはアメリカ人投資家にとって、中国やブラジル、インドなどの新興国株式への一般的な投資手段になっているが、これと同じことが可能になる。また、アメリカン証券取引所（AMEX）に上場されている各種のETFにもアクセスできるので、投資対象は飛躍的に広がる。

もちろん、日本居住者は日本に納税する義務があるので、アメリカの金融機関を通しての投資での損益は国税局に申告・納税する。そして、アメリカ当局に対しては、IRS（内国歳入庁）に「W-8BEN」という書類を提出し、税金の免除を受ける。

現在の投資はアクティブ投資よりパッシブ投資が主流で、そのなかでも世界市場全体に投資するタイプのETFに人気が集中している。ETFと投資信託を比較した場合、ETFのほうが手数料が圧倒的に安い。また、個人投資家には、株の取引と同様に信用取引も可能でレバレッジもかけられることで人気がある。

ETFは、日本でも日経225やTOPIXに連動したETFが株式市場に上場されているが、アメリカ市場に比べたら圧倒的に少ない。

日本では、2007年までは国内株ETFしか販売が許可されなかった。また、長い間、個人投資家は国内の証券会社を通しては海外の個別株も買えなかった。それがいまやネットを通して、世界中の金融商品にアクセスできるのだから、かつて富裕層しかできなかった投資が個人投資家にも可能になったと言えるだろう。

パッシブ投資型の個人投資家は、「MSCI World Index」（MSCIワールド・インデックス）や「S&P500」（Standard & Poor's 500 Stock Index：S&P500インデックス）に連動するETFを買っている。MSCIワールド・インデックスに連動する「iShares MSCI World」（アイシェアーズMSCIワールド）やS&P500インデックスに連動する「SPY」（通称スパイダーズ）などだ。

これらは、日本の証券会社でも買えるが、やはりアメリカにおいてドルで直接取引きするほうが賢明である。

オフショアの銀行の大きなメリット

（２）の香港、シンガポールなどのアジアのオフショアの銀行の代表は、ＨＳＢＣである。ここにも万を超える日本人の口座が開設されている。香港・シンガポールは、日本に近いこともあって、富裕層、投資家には圧倒的な人気がある。いまでは一般サラリーマンからＯＬまで口座を持っている。

オフショアの銀行の利点は、口座が主要通貨に対応したマルチカレンシーになっているので、ドル、ユーロ、円、ポンド、オーストラリアドルなどで預貯金と投資ができることだ。また、世界中で使用可能なデビットカードも発行してくれるので便利である。

さらに、オフショアの場合、基本的に銀行と証券会社の間の壁はない。とくに香港は規制が少なく、たとえばＨＳＢＣやＨＳＢＣ傘下の恒生（ハンセン）銀行などでもファンドを購入したり株式の売買をしたりできる。香港では、海外顧客をメインとするオンライン証券会社があり、これらの証券会社に口座を開けば、銀行口座との組み合わせで、投資機会は一気に広がる。香港株以外に、中国株、米国株、日本を含むアジア株を取引できるマルチマーケットの証券会社もある。もちろん、世界中のＥＴＦに投資可能だ。

シンガポールは、香港と比べると外国人規制が強い。しかし、銀行口座も証券口座の開設手続きも簡単で、投資機会は香港と変わらない。もちろん、世界中にオフショアは点在していて、カリブ海に数多《あまた》あるアイランド・オフショア、欧州のガンジー島、マン島などのオフショアなどでも、同じようなことができる。

オフショアを通しての投資の最大のメリットは、日本の税制から離れて節税ができることだろう。事業家や資産家で、オフショアに事業法人やSPC（特別目的会社）を持っている人間は多い。彼らは、日本株を買うのでも、オフショアの証券会社を通して日本の証券会社経由で取引をする。こうすると、日本の所得税や法人税を合法的に回避することが可能になる。

なかには、ホールディングカンパニー（持ち株会社）をオフショアに移転してしまうところもある。大企業では本社そのものを持ち株会社にしてオフショアに移転させ、日本の本社を海外法人の日本支社、もしくは営業所にしてしまったりする。

こうしたスキームの細かい点は省くが、オフショアとはそういうところだ。

プライベートバンクとヘッジファンド

（3）のプライベートバンクは、富裕層の個人顧客の資産運用を目的とした金融機関だから、これを利用できるのはそれ相応の資産がなければできない。そのハードルは500万～100

【図表19】ヘッジファンドの資産運用残高の推移

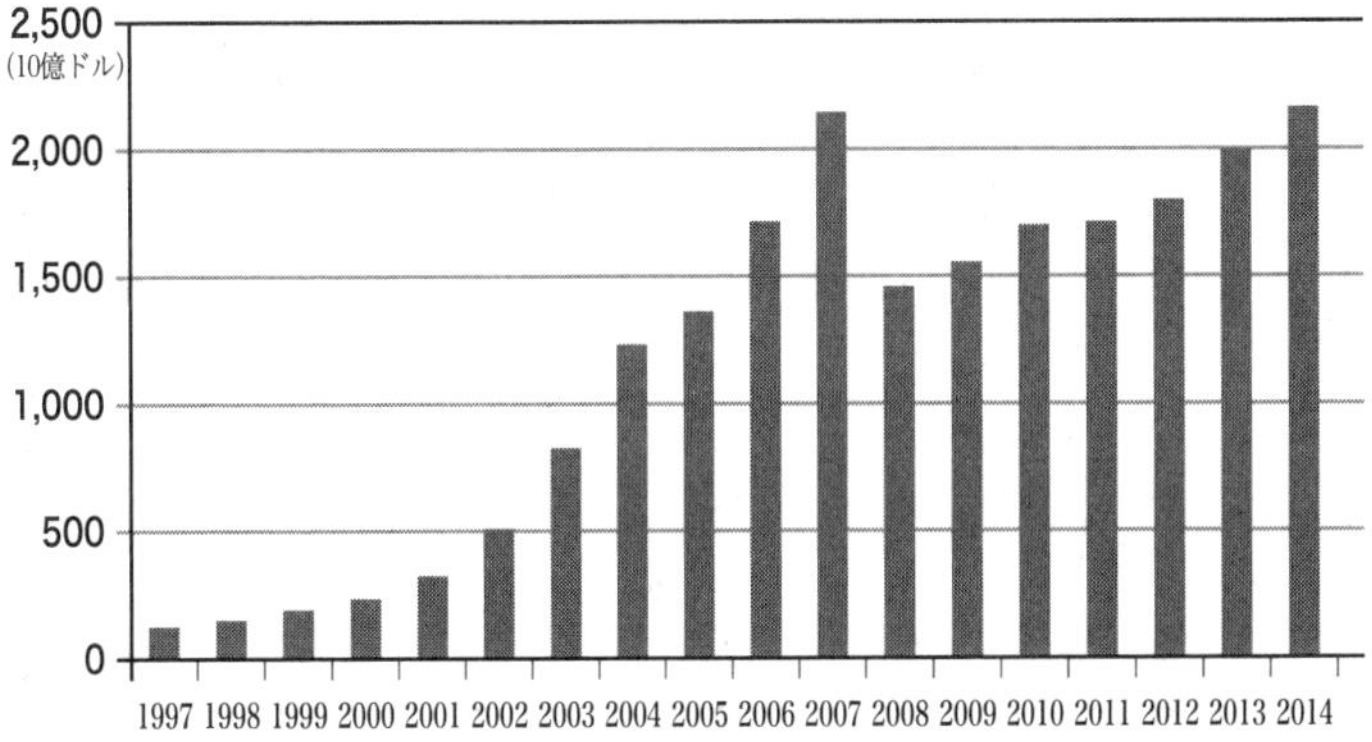

出典：BarclayHedgeより作成

０万ドルである。

プライベートバンクの特徴は、銀行口座と投資口座が一体化していることで、オフショアの銀行以上に、あらゆる投資メニューがそろっている。とくにヘッジファンドへの投資はプライベートバンクが得意としている。もちろん、オフショアの金融機関を通してもヘッジファンドに投資できる。

日本ではメディアに敵視されているヘッジファンドだが、世界の富裕層マネーがヘッジファンドに集まっているのは、ヘッジファンドがグローバル金融においては、もっともリターンが見込める投資だと信じられているからだろう。実際、市場の動きと関連しない、上がろうと下がろうと儲けられる絶対リターンを追求しているのは、ほぼヘッジファンドだけである。その結果、ヘッジファンドへの投資額は年々拡大し、２０１４年のヘッジファンドの総資産（運用残高）は2兆1300億ドルに達した。

前ページの【図表19】がヘッジファンドの資産の推移だ。

ちなみに、2014年のヘッジファンドは、1年間で1259億ドルの資産を増やし、全戦略平均値でプラス4・46％のリターンを記録した。これに対して、MSCIワールド・インデックスはプラス2・9％だった。

もちろん、ハイリスク・ハイリターンを狙うヘッジファンドも多く、運用に失敗して解散したヘッジファンドもある。したがって、ヘッジファンドの平均リターンは、生き残った優秀なファンドだけで算出されるので、実体よりも過大評価されていると指摘されている。さらに、運用に成功しても、その成功報酬は運用益の20％と高いので、投資する側は不利だという見方は根強い。

しかし、リターンの高さから富裕層の支持は固く、ファンドマネージャーとその運用スキームを一種の宗教のようなかたちで信じている人間も多い。

このようなヘッジファンドに投資できるのも、海外に口座を持つ利点だ。

かつてヘッジファンドは、私募債で最低投資額がミリオン（100万ドル）だった。ところが、いまはネットの普及、金融のグローバル化もあって、保険商品のプラットフォームなどとしてなら、誰でも1万ドル単位から投資が可能になっている。ただし、このような金融商品は日本にはない。

日本でも、日本人が運用する「和製ヘッジファンド」がつくられている。しかし、和製とは言っても、ファンドそのものの登録はオフショア籍であることが多いので、日本で投資する意味はほとんどない。

また、日本の証券会社は、最近、ヘッジファンド投資に力を入れているが、募集しているのはヘッジファンドに連動するかたちの投資信託で、ヘッジファンドそのものではない。

以上、日本を離れて「資産を守る」「資産を増やす」方法を見てきた。円で資産を持たない以上、ドルが投資の基本通貨となる。そして、そのドルをいかに減らさず増やしていくかが、「永久円安」時代に求められることである。

おわりに

そもそも通貨そのものには、なんの価値もない。コインは数字や絵柄が刻まれた金属だし、紙幣は同じく数字や絵柄が印刷された紙切れにすぎない。

しかし、その価値を信じなければ、私たちの生活は成り立たない。日本人なら日本の通貨である円をどこまでも信じなければならない。

とはいえ、いまの政治状況で、それが可能だろうか？　アベノミクスによって景気が回復し、日本経済が成長軌道に乗るなら、それに越したことはない。しかし、その可能性はほとんどないし、むしろ、異次元でおカネを刷り続ける弊害のほうがはるかに大きい。

日本人なのに、円を信じられなくなったら終わりかもしれないが、この世界には、自国通貨を信じない国民はいっぱいいる。たとえば、ひと昔前の中国人は、人民元よりドルを喜んだ。当時の中国には外貨ショップがあり、こうした店でしか外国製品が買えなかったため、中国人は私たち外国人に人民元とドルを交換してくれないかと頼んできた。その交換レートは銀行での交換レートより高かった。
現在でも、カンボジアに行けば、商店で物を買ったとき、リエルよりドルで払ったほうが、店の人間は喜ぶ。アンコールワットのような観光地はもとより、首都プノンペンでもドルはそのまま使える。

おカネを信じないと言えば、ユダヤ人が思い浮かぶ。ユダヤ人は、歴史上長い間、自分たちの国家を持たなかったため、現在、住んでいる国の通貨を信じなかった。いくらそれを貯め込んでも、国外追放されてしまえば終わりだからだ。

だから彼らは、本当の投資先は、自分たちの頭の中だと考えた。知識や知恵はどんなことがあっても消えてなくならない。そのため、彼らは徹底して子供たちの教育に投資した。

そんなユダヤ人が、現在にいたる国際金融のシステムのすべてをつくった。銀行、為替、保険、証券、債券といった金融のすべてに、ユダヤ人は古くからかかわり、金利を取っておカネを貸すことで権力を握れることや、通貨発行によって信用創造ができることなどを実践してきた。

陰謀論によると、いまの国際金融はすべてユダヤ人に支配されていることになっている。しかし、賢明な投資家なら、現在の円が置かれた状況、日本経済が置かれた状況を陰謀論のせいにはしないだろう。

犯人探しをしてそれを見つけたとしても、私たちの資産が守れるわけではないからだ。

「すべての卵を1つの籠《かご》に盛るな」(Don't put all your eggs in one basket.)とは、卵を1つの入れ物に入れておくと、落としたときにすべての卵が割れてしまう。つまり、ある1つのものに頼ると、それが失われたときは取り返しがつかなくなるという〝たとえ〟だ。

じつは、これもユダヤ人の教えで、金融の世界では「分散投資がいかに大切か」を教える〝たとえ〟になっている。

「すべての資産を円で持ってはいけない」は、まさにこの〝たとえ〟に通じる。

自国通貨を信じられない時代だからこそ、このユダヤ人の教えを実践すべきだろう。

2015年5月

山田　順

著者略歴
山田　順（やまだ・じゅん）
1952年、神奈川県横浜市生まれ。立教大学文学部卒業後、光文社入社。『女性自身』編集部、『カッパブックス』編集部を経て、2002年『光文社ペーパーバックス』を創刊し編集長を務める。2010年からフリーランス。現在、ジャーナリストとして取材・執筆活動をしながら、紙書籍と電子書籍の両方のプロデュースも手がける。
主な著書に『出版大崩壊』、『資産フライト』、『税務署が隠したい増税の正体』（いずれも文春新書）、翻訳書に『ロシアン・ゴットファーザー』（リム出版）。近著に『人口が減り、教育レベルが落ち、仕事がなくなる日本』『「中国の夢」は100年たっても実現しない』（ＰＨＰ研究所）、『日本人はなぜ世界での存在感を失っているのか』（ＳＢ新書）、『日本が２度勝っていた「大東亜・太平洋戦争」』（ヒカルランド）がある。
・個人ＨＰ：http://www.junpay.sakura.ne.jp/
・メルマガ：http://foomii.com/00065

永久円安

2015年６月１日　第１刷発行

著　者　　山田 順
発行者　　唐津 隆
発行所　　株式会社ビジネス社
〒162-0805　東京都新宿区矢来町114番地 神楽坂高橋ビル5階
電話　03(5227)1602　FAX　03(5227)1603
http://www.business-sha.co.jp

印刷・製本　大日本印刷株式会社
〈カバーデザイン〉大谷昌稔　〈本文組版〉株式会社メディアタブレット
〈編集担当〉本間肇　〈営業担当〉山口健志

ISBN978-4-8284-1815-5

ビジネス社の本

最強の「先読み」投資メソッド

eワラント証券COO
土居雅紹……著

定価　本体1500円＋税
ISBN978-4-8284-1804-9

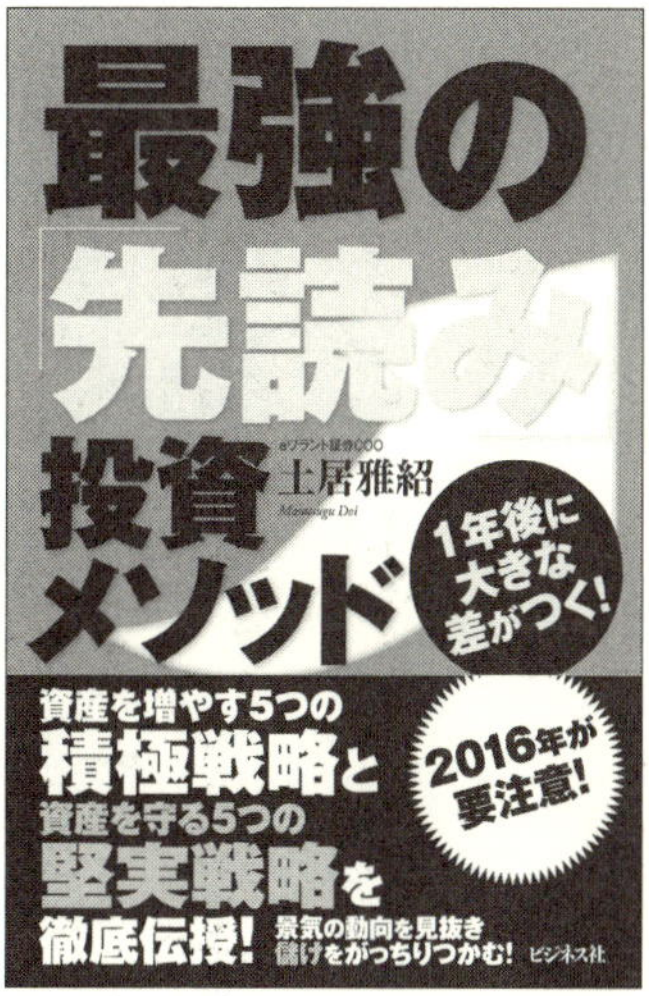

5つの積極戦略＋5つの堅実路線！

データが語る2016年、世界同時バブル崩壊とアベノミクスの終焉！　それに備え、打ち勝つ新しい投資術を人気金融アナリストが徹底解説!!　資産を増やす5つの積極戦略と資産を守る5つの堅実戦略を徹底伝授。10の黄金投資術で儲ける力がグングン上がる！

本書の内容

第1章　アベノミクスと「量的緩和バブル」
第2章　危険度が一挙に高まる2016年から要注意！
第3章　巨大バブル崩壊に備えて今、何をすべきか？
第4章　バブルの波で資産を増やす5つの積極投資メソッド
第5章　バブル崩壊に負けずに資産を守る
　　　　5つの堅実投資メソッド
第6章　銀行が絶対に教えてくれないNISAの本当の使い方
第7章　大事な退職金を暴落から守るお金と投資の思考術
第8章　アベノミクスの先にあるものは何か？